Carsten Neßhöver

Biodiversität

Das Buch

Das Nashorn, der Löwe oder der Panda fallen uns womöglich ein, wenn es um das Stichwort Artensterben geht. Bei der Zerstörung von Lebensräumen denken wir an tropische Regenwälder und Korallenriffe. Doch das Verschwinden des Artenreichtums und die Vernichtung von Ökosystemen finden häufig im Kleinen und von uns zunächst unbemerkt statt. Und können doch immense Folgen für die Natur und damit unser Leben und Überleben entwickeln. Äußerst anschaulich und verständlich schildert Carsten Neßhöver, wie dem Weniger auf der einen ein Mehr auf der anderen Seite gegenübersteht und wie es uns gelingen kann, mit dem Wandel unserer Umwelt umzugehen. Und er lotet alle Dimensionen dessen aus, was die Wissenschaft unter „Biodiversität" versteht. Ein beeindruckendes Buch über unseren Umgang mit Ressourcen, den Herausforderungen der Zukunft und – last but not least – der Insel Juist.

Der Autor

Dr. Carsten Neßhöver, Geooköloge, arbeitet am Helmholtz-Zentrum für Umweltforschung (UFZ) in Leipzig. Er koordiniert dort Projekte zur Wissensvermittlung aus der Biodiversitätsforschung in die Gesellschaft und ist an zahlreichen internationalen Projekten, etwa der TEEB-Initiative, maßgeblich beteiligt.

Carsten Neßhöver

Biodiversität

Unsere wertvollste Ressource

HERDER
FREIBURG · BASEL · WIEN

HERDER spektrum Band 6598

MIX
Papier aus verantwortungsvollen Quellen
FSC® C083411
FSC
www.fsc.org

Originalausgabe

www.herder.de

Umschlagkonzeption: Agentur RME Roland Eschlbeck
Umschlaggestaltung: Verlag Herder
Umschlagmotiv: © Thinkstock

Satz: Layoutsatz Kendlinger Mediendesign
Herstellung: CPI – Clausen & Bosse, Leck

Printed in Germany

ISBN 978-3-451-06598-9

Inhalt

„Wir haben noch viel zu lernen über die Natur von Werten und den Wert der Natur."

PAVAN SUKHDEV, INDISCHER ÖKONOM

Einleitung – Sieben Milliarden von einem, viele Millionen Verschiedene und ein flugunfähiger Vogel

Der Dodo, Titelheld dieses Buches, führte lange Zeit ein ruhiges, wenn auch nicht einfaches Leben. Der Zufall hatte es gut mit seinen Vorfahren gemeint und sie vor einigen Millionen Jahren auf die einsame Insel Mauritius gelangen lassen. Ein Ort, fern von allen gefährlichen Raubtieren und mit einer guten Nahrungsgrundlage, wenn auch die Umweltbedingungen sicherlich nicht immer optimal waren. Der Dodo passte sich dem aber gut an, und wie viele andere Vögel auf abgelegenen Inseln gab er im Laufe seiner evolutionären Entwicklung das Fliegen auf und lebte lange Zeit zusammen mit Riesenschildkröten und einigen anderen nur auf Mauritius vorkommenden Arten. Dann kam der Mensch mit seinen Schiffen, und binnen eines Jahrhunderts, etwa gegen 1690, war der Dodo das, was ihn heute zur Ikone des Naturschutzes macht: Er war ausgestorben.

Der Mensch, der erste Protagonist dieses Buches, wird von der Natur immer wieder vor Herausforderungen gestellt. Stürme, Erdbeben, Tsunamis und andere Katastrophen nehmen in unserer Wahrnehmung den größten Raum ein, gefolgt von Viren, Bakterien und andere Parasiten. Die Natur verursacht häufig Elend, Leid und Tod. Und der Mensch wirkt hilflos angesichts der übermächtigen und undurchschaubaren Natur. So ging es auch den ersten Seeleuten, die auf Mauritius landeten. Eine Seereise zu jener Zeit war entbehrungsreich, frische Nahrung war Mangelware, und so war es kaum verwunderlich, dass man sich beim ersten Landgang nach Monaten auf die erstbesten Nahrungsressourcen stürzte, die man finden konnte. Vögel und Schildkröten waren bekannt dafür, nicht giftig zu sein, und so war es ihr Schicksal, in ihrer Heimat Mauritius, auf halbem Weg zwischen Afrika und Indien gelegen, zu dem zu werden, wofür wir Menschen die Biodiversität, die zweite Protagonistin dieses Buches, am meisten nutzen: als wertvolle Ressource fürs Überleben und Wohlergehen.

Betrachtet man allein die letzten 250 Jahre, hat der Mensch mit dieser Einstellung viel in der Natur verändert: Tierarten wurden ausgerottet, Wälder in riesigem Ausmaß abgeholzt, Flüsse verschmutzt, die Atmosphäre wurde durch seit Jahrmillionen von der Natur im Gestein eingelagerten und durch den Menschen wieder freigesetzten Kohlenstoff verändert und das Klima damit nachhaltig beeinflusst. Seit einigen Jahrzehnten bewegt der Mensch mehr Erdmasse pro Jahr als die Natur durch Vulkane, natürliche Erosion und andere Phänomene.

Dabei steht für den Menschen wie für alle anderen Arten in letzter Konsequenz das Überleben im Mittelpunkt: Bei allen Naturveränderungen geht es uns um die Sicherstellung unserer Existenz und unseres Wohlergehens. In etlichen Regionen der Erde beschränkt sich dies in erster Linie auf die eigene Ernährung und Gesundheit, viele Gesellschaften haben sich mit ihrer Entwicklung aber weit davon entfernt. Energieversorgung, Telekommunikation und andere Dinge des „Wohlbefindens" entlassen uns immer mehr aus der direkten Abhängigkeit von der Natur, wie sie ein ausgehungerter Seemann erlebt, der auf Mauritius auf einen Dodo trifft. Das erledigen für uns heute der Supermarkt und die Steckdose. Wirtschaft und Natur, so meinen wir ganz selbstverständlich, sind eher Gegensätze, als dass sie sich vertragen könnten.

Andererseits fasziniert uns die Natur: Die Komplexität, die die Evolution des Lebens hervorgebracht hat und deren Teil der Mensch ist, zieht uns in ihren Bann, im alltäglichen Leben ebenso wie in der Forschung. Naturforscher wie Alexander von Humboldt und Charles Darwin stehen hier am Anfang, und noch sind viel Fragen ungeklärt. Noch immer kennen wir nur einen Bruchteil der Arten dieser Erde – 19000 neu beschriebene Arten sind im Jahr 2010 zu den derzeit bekannten ca. 1,7 Millionen dazugekommen. Verschiedene Schätzungen gehen davon aus, dass es mindesten fünf, vielleicht auch dreißig Millionen Arten gibt. Noch weit weniger Wissen haben wir darüber, wie diese Arten zusammenwirken; im Kleinen unseres Menschenmagens, wo Bakterien dafür sorgen, dass Nahrung effizient verdaut wird, wie im Großen bei den Regenwäldern des Amazonas, die das Klima eines ganzen Kontinents prägen.

Auch die Erforschung der Natur stand anfänglich vornehmlich im Lichte ihrer Nutzbarmachung. Lange ging es darum, nutzbare Pflanzen weltweit zu finden und zu kultivieren oder Ressourcen schlichtweg auszubeuten. Dies begann bei den Mammuts und anderen Großsäugetieren der Nacheiszeit und setzte sich fort bis hin zum weltweiten Handel mit Tee, Muskatnüssen und anderen aus europäischer Sicht exotischen Gütern, die den internationalen Warenverkehr begründeten, wie wir ihn heute kennen. Er war damit auch der eigentliche Grund für das Aussterben des Dodos, denn er sorgte dafür, dass Schiffe auf dem Weg nach Asien auf Mauritius Station machten.

Die Erforschung der Natur durch die Handelsreisenden hat aber auch dazu geführt, dass wir die Natur als Forschungsgegenstand heute anders sehen. Wir können Vorgänge im Kleinen verstehen, beeinflussen und nutzen, wie etwa die Photosynthese zur Nahrungsmittelproduktion oder die Filterwirkung eines Waldgebietes zur Trinkwassergewinnung. Mehr und mehr verstehen wir aber auch die regionalen und globalen Zusammenhänge zwischen dem Zustand der Natur, ihren Leistungen für den Menschen und welche enge Verbindung zwischen ökonomischer Entwicklung und ökologischen Grundlagen unseres Lebens und Wohlbefindens besteht. Der Gegensatz von Ökonomie und Ökologie der uns umgebenden Natur beginnt sich dabei mehr und mehr aufzulösen. Natur wird als das begriffen, was sie eigentlich ist: Grundlage und zugleich Grenze allen Wirtschaftens. Die Wertschätzung der Natur steigt.

Als ich damit begann, mich in meinem Studium mit biologischer Vielfalt zu beschäftigen, war ich gleich doppelt fasziniert. Einerseits von der Natur und ihrer Vielfalt an Daseinsformen, Netzwerken und Funktionen und davon, wie es gelingen kann, all dies zu erfassen, zu kategorisieren und zu verstehen. Andererseits war ich beeindruckt von der riesigen Vielfalt an Wissen, das wir bereits über Natur und Biodiversität besitzen. Und warum wir dieses Wissen so schlecht zu nutzen scheinen, um die Natur für den Menschen dauerhaft nutzbar zu halten und sie damit gleichzeitig zu erhalten. Mich faszinierten die Erkenntnisse darüber, wie die Natur funktioniert und in welcher Vielfalt der Mensch damit umgeht, sie nutzt und sie eben auch zerstört. Was mich verblüffte, wobei sicherlich ein Schuss Naivität eine Rolle spielte, war die Tatsache, wie wenig dieses Wissen mit dem Wissen über den Menschen verbunden war, seine Gesellschaften und sein ökonomisches Handeln.

Wenn es einen Forschungszweig gibt, der sich in den letzten zwanzig Jahren am stärksten weiterentwickelt hat und der vielleicht über den Zukunftsweg der Menschheit mit entscheiden wird, dann ist es gerade eine solche Forschung, die ökologische mit gesellschaftlich-ökonomischen Erkenntnissen verbindet. Und die Erforschung der Biodiversität, unserer Lebensgrundlage und damit auch wertvollsten Ressource, ist ein wesentlicher Teil davon.

Den Hintergrund bildet etwas, was jeden von uns persönlich betrifft: Wir alle nutzen die Natur mehr oder weniger bewusst für unsere ökonomische Situation und unser Wohlergehen. Wenn wir im eigenen Garten Salat anbauen und ihn mit Insektiziden vor Mitessern schützen ebenso, wie wenn wir uns alle fünfzehn Monate ein neues Mobiltelefon zulegen, für dessen Herstellung große Massen an Natur bewegt und genutzt wurden. Die Komplexität, die diese Beziehung zwischen sieben Milliarden einzelnen Menschen zur Natur, ihrer Gesamtwirkung als Menschheit auf den einen Planeten, auf dem wir leben, und seinen Abermillionen an Arten und Aberbillionen an Individuen besitzt, ruft Emotionen hervor. Denn es fasziniert, verängstigt und frustriert zugleich, wenn man sich auch nur kleine Einzelaspekte dieser Beziehung näher anschaut. Doch unsere Beziehung zur Natur muss auch eine stark rationale sein, denn sie ist der nullte Sektor unseres Wirtschaftens, die Grundlage für Agrarproduktion im primären, Industrieproduktion im sekundären und Dienstleistungen im tertiären Sektor der Wirtschaft.

Faszination und rationales Verständnis gehen bei der Erforschung und beim Umgang mit der Natur sehr häufig eine enge Verbindung ein. Ein belgischer Kollege, selbst ausgebildeter Biologe, fragte einmal auf einer Tagung europäische Kolleginnen und Kollegen, was der ursprüngliche Grund gewesen sei, weswegen sie sich in ihrer Ausbildung und später im Berufsleben mit der Natur beschäftigten. Zunächst fielen die Antworten sehr vielfältig aus. Eine französische Kollegin nannte die Filme von Jacques Cousteau über die Ozeane, andere erwähnten den Biologieunterricht, wieder andere, mich eingeschlossen, das Spielen im Freien und das Erleben von Natur in der Kindheit. Für mich war der Feriensommer auf der Insel Juist im ostfriesischen Wattenmeer entscheidend, den ich jährlich mit Dünenerkundung, dem Fangen von Tieren im Priel und anderen Strandabenteuern verbrachte. Ein Kollege meinte, für ihn habe es wohl mit Superman zu tun gehabt – wie der Eis und Feuer beherrschte, das habe ihn immer fasziniert (vom Fliegen-Können ganz zu schweigen). Doch bei all ihrer Vielfalt liefen alle Aussagen zuletzt auf drei typische Bilder hinaus: Entweder gab es ein Vorbild in der direkten Umgebung, wie Eltern oder Biologielehrer; oder es kamen Heroen des Fernsehens ins Spiel – neben Jacques Cousteau sicherlich David Attenborough oder in Deutschland Heinz Sielmann oder Bernhard Grzimek; und außerdem spielte das frühe Naturerleben als Kind eine Rolle. Auch wenn wir uns nicht alle beruflich mit Natur beschäftigen, kennt doch fast jeder von uns irgendeine solche bewusste oder unbewusste Grundbeziehung zur Natur. Wie sich das im Kleinen, wie im Großen auf unseren Umgang mit der Natur bis heute und auch in der Zukunft auswirken kann, soll dieses Buch in fünf Kapiteln erkunden.

Jeder Forschende ist von den Fragen und der Faszination getrieben, die von seinem Forschungsobjekt ausgehen. Die Biodiversität bietet dafür einen besonderen Nährboden – im wahrsten Sinne des Wortes. So wie Charles Darwin neben vielen anderen Studienobjekten auch die Rolle des Regenwurms im Boden untersuchte, so liefert uns unsere Faszination für die Natur neue Einsichten für einen besseren und vielleicht auch entspannteren Umgang mit ihr. In seinem letzten Buch „Die Bildung der Ackererde durch die Thätigkeit der Würmer", veröffentlicht 1881, berichtete Darwin von verschiedenen Experimenten, die er mit Regenwürmern vorgenommen hatte. Eine seiner Schlussfolgerungen lautete, dass die oberen zehn Zentimeter eines Bodens bis zu zwanzigmal im Jahr durch den Magen der Regenwürmer wandern. Dabei handelte es sich um eines der ersten ökologischen Experimente, das zeigt, wie sehr einzelne Arten die Entwicklung von Ökosystemen beeinflussen und damit auch deren Nutzung durch den Menschen sicherstellen; denn ohne den Wurm wäre der Boden als Ackerboden sehr viel ärmer und weniger produktiv. Bei näherer Betrachtung sind solche Beziehungen meist kompliziert und nicht einfach zu verstehen – in einem Ökosystem ebenso wie in seiner Nutzung durch den Menschen. Mit dem Begriff Biodiversität hat man versucht, dieser Komplexität einen Rahmen zu geben – wissenschaftlich, aber auch politisch. Kapitel eins dieses Buches fasst diesen Rahmen als wichtigen Ausgangspunkt bei einer Reise durch diese Komplexität zusammen.

Der Mensch schätzt die Vielfalt der Natur in mannigfacher Weise, was das Verständnis seines Umgangs mit ihr ebenso erschwert wie das der Biodiversität. Einerseits beuten wir Natur rücksichtslos aus, andererseits betreiben wir manchmal einen immensen Aufwand für die Erhaltung einzelner Arten. Diese Wertschätzung ist die Gegenseite der Ausbeutung, und wir müssen beide Seiten der Medaille betrachten, um zu verstehen, warum wir mit der Natur so umgehen, wie wir es eben tun. Kapitel zwei nähert sich diesen Facetten.

Als eine Konsequenz seiner vielfältigen Wertschätzung, aber auch der verwirrenden Vielfalt in der Natur hat der Mensch im wahrsten Sinne des Wortes viel Energie investiert, die Komplexität bei der Nutzung der Natur zu vereinfachen und zu managen – in der Landwirtschaft ebenso wie beim Aufstauen und Begradigen von Flüssen, um nur zwei Beispiele zu nennen. Diese Vereinfachung produziert zwar an vielen Stellen ein Mehr – z. B. an Lebensmitteln, Bauholz oder Mobiltelefonen –, hat aber an anderen Stellen ein Weniger zur Folge – ob an Dodos, Ackerboden oder intakten Gewässern.

Sich einen Überblick über das ganze Bild unserer so doppelgesichtigen Beziehung zur Biodiversität zu verschaffen – als eigensinniger Nutzer und weitsichtiger Schützer – erscheint einerseits als schwierig. Andererseits erscheint es aber auch als relativ einfach: Teile der Natur zerstört der Mensch oder wandelt sie um, sie werden weniger. Wir sehen das beim Verlust von Populationen, beim Aussterben ganzer Arten wie dem Dodo, dem Riesenalk oder der Wandertaube oder auch beim Verlust von Ökosystemen durch Umwandlung und Verschmutzung. Aber es geht noch weiter, wenn man an den Verlust der Leistungen solcher Ökosysteme denkt, etwa von Auen, die Hochwasser regulieren, oder von Wäldern, die Kohlendioxid aus der Atmosphäre verarbeiten und speichern. Um dieses Weniger geht es in Kapitel drei.

Teile der Natur fördert der Mensch, ob nun beabsichtigt oder unbeabsichtigt. Diese Teile der Natur werden mehr. Man denke nur an Agrarflächen, an unsere Nutztiere wie Rinder und Hühner oder auch an Arten, die zunehmen, weil ihre natürlichen Feinde durch den Menschen dezimiert oder sie an einen anderen Ort gebracht wurden, wo sie sich ausgesprochen wohl fühlen. Mit solchen Aspekten beschäftigt sich Kapitel vier – mit dem Mehr-Werden.

All diese Entwicklungen hängen von unseren persönlichen und gesellschaftlichen Entscheidungen ab, davon, welcher Teil der Natur für uns wertvoll und wichtig ist und aus welchen Gründen. Diese Entscheidungen sind von vielfältiger Art und oft ebenso faszinierend wie die Natur selbst; man muss sie verstehen, wenn man den Umgang des Menschen mit der Natur betrachtet und kritisiert.

Die Beziehungen zwischen Tieren und Pflanzen in einem Ökosystem wie dem Wattenmeer oder das Wanderverhalten eines Aals oder Lachses scheinen komplex und verblüffend, haben sich aber über Hunderttausende von Jahren hinweg entwickelt. Sie verfügen über eine Geschichte, die in unserer modernen Welt wenig passend erscheint. Aber auch die heutigen Subventionen für Landwirtschaft und Fischerei inklusive ihrer Umweltschäden sind komplex und verblüffend und erscheinen nicht immer logisch. Auch sie haben eine Geschichte, die man berücksichtigen muss, wenn man die Situation verbessern möchte – auch wenn sie vielleicht erst zweihundert Jahre und damit deutlich jünger sind als das Ökosystem Wattenmeer oder die Verhaltensweisen von Aal und Lachs.

Mit diesem Neben- und Ineinander von Natur und Mensch umzugehen stellt uns seit Beginn unserer Entwicklung vor Herausforderungen, allein schon in der alltäglichen Sicherstellung unseres Wohlergehens, unserer Ernährung, Gesundheit und Sicherheit. Herausforderungen, die heute größer sind denn je, befasst man sich etwa mit den Szenarien um den Verlust an Arten und Ökosystemen, mit dem Verlust an Ackerböden und sauberen Gewässern und dem Klimawandel, ohne dabei die Herausforderungen des Bevölkerungswachstums und des Ressourcenverbrauchs aus dem Blick zu verlieren. Aber während man zu Zeiten der ersten Diskussion um die Grenzen des wirtschaftlichen Wachstums, ausgelöst in meinem Geburtsjahr 1972 durch das gleichnamige Buch von Dennis Meadows, noch relativ wenige Antworten darauf wusste, wie umzugehen sei mit dieser Verwobenheit der menschlichen Entwicklung mit den natürlichen Lebensgrundlagen, bietet uns unser gesteigertes Verständnis des komplexen Geflechts zwischen Mensch und Natur doch viele Ansätze, uns mit diesem Mehr und Weniger auseinanderzusetzen. Dass dies komplex ist, liegt auf der Hand, aber die Ansätze, dies zu verstehen, liegen vor. Dazu mehr in Kapitel fünf des Buches.

Um all diese Komplexitäten ein wenig zu verstehen, lohnt es sich, auf Reisen zu gehen. Ins Wattenmeer, das ich seit meiner Kindheit besuche, in den Nordatlantik zu Kabeljau und Aal, hinüber nach Florida in die Everglades-Sümpfe und zu deren Einwanderern und in die Waldgebiete der Erde. Dies alles sind Reisen zum nullten Sektor unseres Wirtschaftens und zum Verständnis dessen, wie wir mit ihm umgehen. Und obwohl er nicht mehr da ist, wird uns auch der Dodo auf der Reise hin und wieder begegnen.

„Die seltsame Welt, die wir bewohnen, ist wundervoller, als sie angenehm ist; schöner, als sie nützlich ist; sie ist mehr dazu da, bewundert und genossen, denn als genutzt zu werden."

HENRY DAVID THOREAU,
US-AMERIKANISCHER SCHRIFTSTELLER

1. Biodiversität oder: Wie man Komplexität in ein Wort steckt

Was man unter Biodiversität alles verstehen kann, warum wir uns damit so schwertun und warum sie uns doch fasziniert und als Ressource unersetzlich ist

Biodiversität ist kein besonders handlicher Begriff. Es handelt sich um die deutsche Version von „biodiversity" oder „biological diversity", also Biologische Vielfalt, die Vielfalt alles Lebenden. Zahlreiche Umfragen in Deutschland und Europa haben gezeigt, dass nur wenigen die Biodiversität ein Begriff ist, und noch weniger ist bekannt, was im wissenschaftlichen Sinne korrekt darunter zu verstehen ist. Manch einer vermutet vielleicht eher ein Ökowaschmittel dahinter als die Vielfalt der Natur um uns.

So sagten in der Naturbewusstseinsstudie der Bundesregierung von 2009 44 Prozent der Befragten, dass sie wüssten, was der Begriff „Biologische Vielfalt" bedeutet, 30 Prozent kennen den Begriff, wissen aber nicht, was er bedeutet. Und zwei Jahr später, in der gleichen Umfrage, hat sich das Bild nicht wesentlich geändert. Doch zurück zur Studie von 2009. Auf die Frage, ob die

Erhaltung der Biologischen Vielfalt eine vorrangige gesellschaftliche Aufgabe sei, antworteten im Jahr 2009 34 Prozent mit „ja", 41 Prozent mit „eher ja". Nur fünf Prozent sagen „nein" oder „eher nein". Die Wertschätzung scheint also, auch wenn die Begrifflichkeit vielfach unklar ist, eher hoch. Natur wird als wertvoll angesehen. Auch sind immer mehr Menschen der Meinung, dass für die Natur in Deutschland nicht genug getan wird. 2011 befanden dies 55 Prozent. Auch wenn immer wieder gesagt wird, dass uns in unserer Industriegesellschaft die Verbindung zur Natur mehr und mehr verloren geht, scheint sie uns doch, direkt danach gefragt, weiterhin wichtig zu sein.

Den Begriff „biodiversity" oder Biologische Vielfalt gibt es noch nicht lange. Er wurde Mitte der 1980er-Jahre von US-amerikanischen Wissenschaftlern für ein großes Symposium kreiert. Dahinter stand die Absicht, ganz unwissenschaftlich auf den zunehmenden Verlust der Natur, vor allem der tropischen Regenwälder, hinzuweisen. In den 25 Jahren seit seiner „Erfindung" ist viel mit dem Begriff passiert. Er machte politisch Karriere, kehrte aus dieser Sphäre massiv in die Forschung zurück und ist nun aus der Fachdiskussion um die weltweite Erhaltung der Natur nicht mehr wegzudenken. Dabei sind die Bedeutungen und Definitionen des Begriffs fast so vielfältig wie das, was er beschreibt. Es gibt nüchterne, wissenschaftliche Definitionen, Definitionen, die politisch bis ins letzte Komma verhandelt worden sind, und es gibt nicht zuletzt Versuche, die Verbundenheit von Mensch und Natur in das Verständnis von Biologischer Vielfalt einzubauen. All diese verschiedenen Ebenen zeigen aber auch die Schwierigkeit, das Objekt Biodiversität – und unser Verlangen nach ihrer Nutzung und ihrem Schutz – fassbar zu machen.

Gehen wir also auf Erkundungstour durch die Elemente, die die Biodiversität ausmachen.

Das Grundelement, das jeder kennt: Arten, Arten, Arten

Pandabär, Luchs, Rotkehlchen und Reh – dies sind vier Antworten, die mir Bekannte gaben, als ich sie fragte, was sie mit Biologischer Vielfalt verbinden. Arten, vor allem süß-kuschelige mit großen Augen, sind das Erste, was den meisten einfällt, wenn sie danach gefragt werden. Arten sind die Einheiten, die wir wahrnehmen und mit denen wir ein Naturerlebnis verbinden. Viele Menschen und nicht zuletzt auch die Medien setzen daher Artenvielfalt mit Biodiversität gleich. In der schon erwähnten Naturbewusstseinsstudie von 2011 sagten 96 der 42 Prozent, die angaben zu wissen, was Biologische Vielfalt sei, darunter sei die Vielfalt von Tier- und Pflanzenarten zu verstehen.

Arten lassen sich einfach zählen – etwa die verschiedenen Vogelarten, die man im Winter an einem Vogelhaus beobachten kann. Vögel sind ohnehin das beliebteste Element, wenn es um Biodiversität geht: So sind bislang ca. 10 500 Arten auf der Welt bekannt, 600 davon in Europa und ca. 500 in Deutschland. Sie kommen immer mal wieder vorbei, man kann sie leicht beobachten, und sie machen uns durch ihre Flugkünste neidisch. Viele Tausende Vogelkundler gibt es in Deutschland, aber noch viel mehr beteiligen sich an Vogelzählungen. Bei einer der letzten Mitmachaktionen des Naturschutzbundes im Frühjahr 2012 waren 42 000 Beobachter mit dabei und übermittelten 975 000 Vogelbeobachtungen von über 200 Arten aus Gärten und Parks. Der Erfolg solcher Aktionen zeigt unsere Faszination für das Verschiedene in der Natur. Würde man allerdings dazu auffordern, die Anzahl der Hasen in einem Feld oder der Hauskatzen in der Nachbarschaft zu zählen, fiele die Resonanz wohl geringer aus. Und bei den Pflanzen rund ums Haus wird es gleich schwieriger, was die Bestimmung betrifft, nicht zuletzt deswegen, weil ein Großteil davon aus der großen weiten Welt und nicht aus Mitteleuropa stammt. Und auch wenn es um den klassischen Naturschutz geht, denken wir in erster Linie an Arten: den Storch, den Seehund, den Rotmilan oder auch an eine Orchideenart wie den Frauenschuh.

Doch auch in der Wissenschaft gilt die Art als die Grundeinheit der Vielfalt. Lange bevor man sich grundlegend über die anderen Aspekte der Vielfalt Gedanken machte, begann man, die Naturobjekte zu sortieren und zu klassifizieren. Mit der Entwicklung der heute noch gültigen Nomenklatur von Arten durch Carl von Linné im 18. Jahrhundert wurde bereits früh eine Schema hierfür geschaffen: Verschiedene Arten konnten übersichtlich klassifiziert und damit unterscheidbar gemacht werden. Äußerliche Merkmale wurden dafür genutzt, Bestimmungsschlüssel zu entwickeln. Die heute klassifizierten ca. 1,7 Millionen Arten basieren zum allergrößten Teil auf einer solchen Arbeitsweise, auch wenn seit einigen Jahren genetische Methoden zur Artunterscheidung genutzt werden können und dadurch die Anzahl der bekannten Arten in vielen Artengruppen stark angestiegen ist.

Die innere Vielfalt der Arten – der genetische Code und seine Flexibilität

Mit der Genetik und den immer detaillierteren Erkenntnissen in der fortschreitenden Entschlüsselung der Gene sind wir auch schnell beim zweiten Faktor der Biodiversität – der genetischen Vielfalt. Ein Faktor, den laut Studie nur 37 Prozent der mit dem Begriff der Biologischen Vielfalt Vertrauten als einen Teil derselben ansehen.

Carl von Linné hatte davon selbstverständlich noch keinerlei Kenntnis, und auch als Charles Darwin und Alfred Wallace im 19. Jahrhundert die Grundprinzipien der Evolution erkannten und niederschrieben, wussten sie noch nicht, dass Lebewesen durch ihren genetischen Code definiert werden. Durch einen Code, der in seinen beliebig komplizierten Kombinationen aus nur vier Elementen der DNA, den vier Aminosäuren Adenin, Guanin, Cytosin und Thymin, aufgebaut ist. Und doch ist dieser Aspekt der Verschiedenheit in der Natur zentral – er bedingt die Verschiedenheit innerhalb der Arten, entscheidet darüber, wie die Population einer Art mit Krankheitserregern zurechtkommt oder sich auf veränderte Umweltbedingungen einstellen kann. Bei einer geringen genetischen Vielfalt innerhalb einer Population mag es etwa passieren, dass eine ganze Art durch einen einzigen Erreger ausgelöscht wird. So wurde in den 1980er- und 1990er-Jahren die Reisernte in weiten Teilen Asiens durch einen Virus bedroht, der zu großflächigen Ernteausfällen führte. Die weit verbreiteste Reissorte war nicht resistent und wurde flächendeckend angebaut. Erst eine neue Züchtung unter Nutzung einer Wildreissorte, deren Gene eine Resistenz gegen den Virus entwickelt hatten, konnte die Verluste durch den Virus zurückdrängen.

Auch für die Fortpflanzung einer Art kann eine geringe genetische Vielfalt zum Flaschenhals werden. So sind etwa Geparden mit einer sehr geringen genetischen Vielfalt ausgestattet, da die heute lebenden Tiere von einer äußerst kleinen Gruppe abstammen, die vor einigen tausend Jahren existierte. Die geringe Diversität hat sich mit der Zeit auf die Spermienqualität und die Überlebensrate der Jungtiere ausgewirkt, sodass heute – zusätzlich zur starken Konkurrenz durch andere Arten und die Bedrohung durch den Menschen – nur fünf Prozent der Jungtiere erwachsen werden. Für eine seltene Säugetierart mit wenigen Nachkommen ist das keine gute Quote.

Die Arbeit an der Klassifizierung der Arten – und der Vielfalt innerhalb der Arten, ihrer genetischen Vielfalt – ist allein schon angesichts der Verschiedenheit, die auf der Erde existiert, eine gewaltige Aufgabe. Und ihre Komplexität wächst seit den Tagen von Carl von Linné stetig. Während Linné noch den Anspruch erhob, mit seinem kompletten Werk alle bekannten Pflanzen und Tiere der Erde zu erfassen – die zehnte Auflage seiner „Systema Naturae“ aus dem Jahr 1758 umfasst allerdings gerade einmal 4378 Tierarten, bei den Pflanzen kam er in seinen Hauptwerk „Species Plantarum“ von 1753 auf ca. 7300 Arten –, sind die Experten heute, die Taxonomen, hoch spezialisiert auf einzelne Teilartengruppen, die allein ein Vielfaches dieser Zahlen ausmachen können.

Allein diese Fülle zwischen Arten und innerhalb von Arten fasziniert den Menschen bereits seit langer Zeit – sonst hätte er sie nicht klassifizieren und damit ordnen wollen, und er würde nicht, wie es ja bis heute der Fall ist, die verschiedenen Vögel beobachten oder Tauben, Hühner oder gar Hunde züchten und damit deren genetische Vielfalt noch weiter vermehren. In diesem Hang des Menschen, die Natur zu verstehen oder zu ordnen, äußert sich unsere enge Bindung zur Natur. Schon frühe Naturkundler waren von der Fülle des Verschiedenen in der Natur fasziniert, so etwa Alexander von Humboldt. In seinen „Ansichten der Natur“, 1849 in der dritten Auflage erschienen, verbindet er die naturwissenschaftlichen Beobachtungen aus seiner Amerikareise mit seinen philosophischen Ansichten zur Natur und möchte gerade damit „... dem Leser doch einen Teil des Genusses gewähren, welchen ein empfänglicher Sinn in der unmittelbaren Anschauung findet“.

Die Vielfalt im Großen – Lebensräume und Ökosysteme

Mit den Berichten über seine Amerikareise von 1799 bis 1804, mit seinen Schilderungen des Orinoco und der Anden war Humboldt einer der Wegbereiter für ein neues Interesse an Naturwissenschaften in Deutschland. Die Gesellschaft begann, sich mit der naturwissenschaftlichen Wahrnehmung der Welt auseinanderzusetzen, damit, wie diese Welt geografisch erfasst und begriffen werden kann. Humboldt versuchte in seiner Arbeit auch, den Zusammenhang von Arten und ihren Lebensräumen zu verstehen, womit er die Vielfalt dieser Lebensräume ins Visier nahm und ein Bewusstsein schuf, das uns heute wie selbstverständlich erscheint – täglich können wir faszinierende Naturfilme aus allen Teilen der Erde im Fernsehen betrachten und bekommen damit das dritte wesentliche Element der biologischen Vielfalt auf der Wohnzimmercouch vorgeführt: die Vielfalt der Lebensräume. Die Landschaften, wie wir sie in den Filmen sehen können, sind bei uns schon lange nicht mehr vorhanden. Vor der Sesshaftwerdung des Menschen und der landwirtschaftlichen Nutzung seiner Umwelt war Mitteleuropa ein fast reines Waldland, dominiert von Buchenwäldern, so weit das Auge reichte. Das Eingreifen des Menschen erhöhte zunächst die Vielfalt an Lebensräumen und an Arten, die sich von kleineren Standorten aus verbreiten konnten oder mit dem Menschen in fremde Gebiete einwanderten. Eine Landschaft mit verschiedenartigen kleinteiligen Feldern, Wiesen und Weiden, Hecken und gewundenen kleinen Bächen und Flüssen war noch bis in die 1950er-Jahre Garant einer hohen Vielfalt. Erst in der Zeit danach wich sie zunehmend der intensiv und effizient genutzten und verplanten Landschaft, wie wir sie heute kennen und bei der die Naturnähe bis auf Ausnahmen in den Alpen, an der Nordsee und in den wenigen Nationalparks auf kleine versteckte Gebiete zurückgedrängt ist.

Genauso wie unsere Urwälder, die Laub- und Mischwälder der gemäßigten Breiten, weltweit bis zum heutigen Tage um über 50 Prozent reduziert worden sind, erging es auch den mediterranen Wäldern, die um 70 Prozent wichen, oder den Steppengebieten, bei denen etwa zwei Drittel der ursprünglichen Fläche durch Umwandlung durch den Menschen verloren gingen. Bei tropischen und subtropischen Wäldern liegen die Quoten bei um die 50 Prozent, hier erwartet man aber in den nächsten Jahrzehnten die größten Verluste. Einzig die nördlichen Wälder der Taiga und die Tundren zum Nordpol hin sind noch größtenteils unverändert, wenn auch sicherlich nicht mehr unberührt. Und auch der Orinoco und die Anden, wie Humboldt sie erlebt hat, tragen heute an vielen Stellen ein anderes Gesicht.

Das Vielseitige – das Zusammenwirken von Genen, Arten und Ökosystemen

Humboldt war einer der Ersten, der die Faszination, die von der Natur ausgeht, viel weiter fasste, anstatt sich mit der Anzahl verschiedener Arten oder anderer Naturelemente zu begnügen. Ihn interessierte nicht allein die Quantität, sondern auch die Qualität der Natur. Womit Fragen berührt sind wie: Warum funktioniert die Natur so, wie wir sie beobachten können? Warum hängen so viele Arten voreinander ab und halten so ihren Lebensraum zusammen?

Damit sind Phänomene angesprochen, die viele von uns jeden Tag begeistern können. Wie schafft es ein Bär, nach mehreren Monaten Winterschlaf wieder zu erwachen? Und wie gelingt es einem Wiesenknopf-Ameisenbläuling, zu überleben? Hierzu eine kurze Antwort: Der Wiesenknopf-Ameisenbläuling beginnt sein Schmetterlingsleben als Larve in einer speziellen Pflanzenart, dem großen Wiesenknopf, in den die Eier gelegt werden. Im Herbst lässt er sich auf den Boden fallen, um sich von Ameisen als potenzielle Beute ins Nest tragen zu lassen. Dort täuscht er aber bei einer ganz bestimmten Ameisenart mit chemischen Botenstoffen vor, eine Ameisenlarve zu sein, und lässt sich so den ganzen Winter über mästen, quasi ein Kuckucksfalter. Im Frühsommer, nach der Verpuppung und Metamorphose, schlüpft er als Falter und flieht schnellstens aus dem Ameisennest, denn seine chemische Tarnkappe funktioniert nun nicht mehr.

Wir empfinden Naturdokumentationen im Fernsehen als schön, wenn sie viele verschiedene Tiere, Pflanzen und Landschaften zeigen. Wirklich fasziniert sind wir aber erst, wenn die Zusammenhänge und Funktionen der Natur dargestellt werden – von der Jagd eines Bären auf Lachse als Basis für seinen Winterschlaf ebenso wie von der Wanderung des Knutts, eines Schnepfenvogels, der von Sibirien aus über das Wattenmeer nach Nordafrika zieht, mit Nonstopflügen von 5000 Kilometern. Diese Vielseitigkeit der Zusammenhänge in der Natur erst macht die Biodiversität wirklich aus.

Große wissenschaftliche Entdeckungen erwachsen sehr häufig aus sehr einfachen Fragen, etwa derjenigen, warum es so viele Arten und innerhalb derselben eine solch hohe genetische Verschiedenheit gibt. Charles Darwin und Alfred Wallace waren es, die mit ihren Erkenntnissen zur Evolution die Grundlage zur Klärung dieser Frage legten; seither hat die Wissenschaft viele weitere Aspekte dieser Vielseitigkeit der Natur betrachtet und ist zu faszinierenden Ergebnissen gekommen – wie etwa beim Ameisenbläuling.

Die Faszination entspringt, neben der Vielfalt selbst, einer weiteren Dimension der Biologischen Vielfalt, bei der wir uns wesentlich schwerer tun, sie in ihrer Breite zu erfassen und zu verstehen. Es geht darum, mit welcher Vielseitigkeit die Natur die bestehenden Ressourcen – an Wasser, Nährstoffen und Energie – effizient ausnutzt, und zwar in einem begrenzten Raum und mit einer gewissen Arbeitsteilung, wie der Ökologe Wolfgang Haber es ausdrückt. Seit Jahrmillionen hat die Natur diese Vielseitigkeit entwickelt, hat Nahrungsnetze entstehen lassen, in denen Energie dadurch optimal genutzt wird, dass eine Pflanze durch Sonnenenergie und CO_2 organische Materie produziert, die von vielen kleinen Tieren gefressen wird. Diese wiederum werden von größeren Tieren gefressen, und der verbleibende Rest dieser Kaskade an Energieverwertung wird durch Mikroorganismen neu aufbereitet und für den Kreislauf erneut zugänglich gemacht. Das menschliche System von Produktion und Abfallverwertung ist von einer solchen Effizienz noch meilenweit entfernt.

Durch dieses Zusammenwirken in der Natur sind Systeme entstanden, die Energieflüsse über Hunderttausende von Jahren aufrechterhalten können und in denen sich die Arten immer weiter spezialisieren und anpassen konnten, teilweise bis hin zu hoch komplexen und sorgsam austarierten Lebensweisen. Der Ameisenbläuling ist nur ein Beispiel, ebenso der Dodo, der es aufgrund fehlender Feinde auf der Insel Mauritius aufgab, zu fliegen, und sich stattdessen im Leben eines Bodenbewohners einfand.

Auch die Ameisen sind ein Beispiel dafür, wie es der Natur gelingt, durch Vielseitigkeit das Optimale fürs Überleben herauszuholen. Ameisen haben sich im Laufe der Evolution extrem stark spezialisiert und die Arbeitsaufgaben im Ameisenstaat vielseitig verteilt: Die Reproduktion obliegt allein der Königin und einem (oder einigen wenigen) Männchen, dem Rest des Staates kommen spezielle Aufgaben zu, sei es die der Nahrungsbeschaffung, der Verteidigung, der Beseitigung von Abfall oder der Versorgung der Brut.

Und diese Vielseitigkeit der Biodiversität findet sich auf allen nur denkbaren Skalen. Ganze Systeme von Organismen existieren auf engstem Raum, etwa in wenigen Millilitern Wasser, wo ein Spektrum an Mikroorganismen zu einem dynamischen Gleichgewicht im Zusammenleben kommt. Am anderen Ende der Skala stehen halbe Kontinente, etwa wenn der Amazonas-Regenwald mit seiner Aktivität den Kreislauf aus Verdunstung und Regen sicherstellt, den er zu seinem Überleben benötigt.

Im Jahr 1935 erfand der englische Botaniker Arthur George Tansley dafür den Begriff Ökosystem – „Beziehungsgeflechte zwischen Organismen und ihrer Umwelt auf begrenztem Raum", wie es in einem der vielen Lehrbücher der Ökologie anschaulich heißt. Der Mensch ist ein expliziter Teil davon, denn schließlich beeinflussen wir durch die Bewirtschaftung der Natur aktiv diese Beziehungsgeflechte, etwa wenn wir die Wiese des Wiesenknopf-Ameisenbläulings mähen oder durch Tiere beweiden lassen, weswegen der Wiesenknopf oder die Ameise, die der Ameisenbläuling zum Überleben braucht, verschwinden.

Auch Ökosysteme, egal ob es sich um wenige Milliliter Wasser handelt oder den gesamten Amazonas-Regenwald mit seinen ca. sechs Millionen Quadratkilometern, sind Teil der Biodiversität. Zum einen aufgrund ihrer äußerlichen Verschiedenheit, die man auch vielfältig klassifizieren kann. Im deutschen Naturschutz hat man zur Klassifizierung die sogenannten Biotoptypen entwickelt, in denen von offenen Wasserflächen der Nord- und Ostsee bis hin zu den Zwergstrauchheiden der Hochlagen der Alpen alle deutschen Biotoptypen in 70 Typen und zahlreiche Untertypen erfasst sind. Ähnlich wie bei den Tier- und Pflanzenarten sind auch viele dieser Typen oder Ökosysteme gefährdet. 14 Prozent sind von der vollständigen Vernichtung bedroht und 58 Prozent sind gefährdet oder stark gefährdet, wie das Bundesamt für Naturschutz zuletzt 2006 ermittelt hat.

Durch die Gefährdung dieser Typen wird aber auch die Vielseitigkeit der Natur an sich gefährdet, wobei es hier nicht allein um die Vielzahl von Arten in den Biotopen geht, sondern auch um die Funktionen und Prozesse, die zwischen den Arten ablaufen und die eine Umwelt erst lebenswert machen, für Tiere und Pflanzen und für den Menschen.

Letztendlich geht es bei dieser naturwissenschaftlichen Betrachtung der Biologischen Vielfalt um die lebendige Natur in ihrer Gesamtheit. Und deswegen tut sich die Wissenschaft auch schwer, eine eindeutige Definition zu finden. Aber genau hierin liegt auch die Stärke der Biodiversität.

Die Biodiversität hat also immer zwei Seiten – die Verschiedenheit von und innerhalb von Arten und Ökosystemen sowie die Vielseitigkeit dieser Systeme, Arten und Gene (und der daraus entstehenden Individuen) bei ihrem Zusammenwirken. Zusammen bildet sich daraus das, was wir gerne unter „Natur" verstehen.

Die komplexen Prozesse innerhalb der Natur setzen Grenzen für jedes Individuum, das in ihr existiert, es gibt eben nur einen gewissen Umfang an Energie, Wasser oder Nährstoffen. Solche Grenzen gelten auch für den Menschen, selbst wenn es die Menschheit über die Jahrtausende geschafft hat, sich in einem gewissen Maße davon unabhängig zu machen.

Dies deutet darauf hin, dass die Vielfalt der Natur immer auch eine kulturelle Dimension mit sich führt. Betrachtet man etwa die wichtigste politische Definition von Biologischer Vielfalt, zeigt sich, dass hier zwar zunächst die Verschiedenheit im Vordergrund steht, dass aber auch die Vielseitigkeit eingeschlossen und gerade deren Bedeutung für den Menschen hervorgehoben wird. 1992, auf dem Erdgipfel der Vereinten Nationen in Rio de Janeiro, verabschiedeten die Staaten der Erde neben der Klimarahmenkonvention, die heute die internationale Klimadiskussion bestimmt, u.a. auch das Übereinkommen über die Biologische Vielfalt (Convention on Biological Diversity, CBD), womit die Biodiversität offiziell auf die internationale politische Bühne gehoben wurde. Das Übereinkommen definiert Biologische Vielfalt als die „Variabilität unter lebenden Organismen jeglicher Herkunft (...); dies umfasst die Vielfalt innerhalb der Arten und zwischen den Arten und die Vielfalt der Ökosysteme". Die Ökosysteme werden als „dynamische Komplexe von Gemeinschaften von Pflanzen, Tieren und Mikroorganismen und deren nicht belebter Umwelt, die als funktionale Einheit zusammenwirken", beschrieben.

Beim Umgang mit der Biologischen Vielfalt setzt das Übereinkommen einen Dreiklang an Zielen fest: Neben dem Schutz der Natur stehen ihre nachhaltige Nutzung und eine faire Aufteilung der daraus entstehenden Vorteile. Damit fließen verschiedene Wertvorstellungen in den Umgang mit der Biodiversität ein: Nicht allein dem Schutz aufgrund von Seltenheit, Eigenart oder Schönheit wird Bedeutung beigemessen, sondern eben auch dem Nutzungsanspruch zur Erhaltung des menschlichen Wohlergehens, etwa durch Nahrung oder Energie. Damit spielt auch das Nebeneinander von Natur und Wirtschaft eine sichtbare Rolle. Dies drückt sich vor allem darin aus, dass als drittes Ziel der Vorteilsausgleich eingebaut wurde. Damit ist gemeint, dass viele natürliche Ressourcen erst durch das hauptsächlich in entwickelten Ländern vorhandene Know-how, etwa in der Entwicklung von Arzneimitteln und neuen Nutzpflanzen, wirtschaftlich nutzbar werden und es einen wirtschaftlichen Ausgleich zwischen dem Land oder der Region geben muss, aus dem die Ressource stammt, und denen, die sie zu einem Produkt entwickeln. Bei den massiven wirtschaftlichen Interessen, die sich dahinter verbergen und unter dem Stichwort „Biopiraterie" immer wieder zu großem Streit führen, verwundert es kaum, dass die Mitgliedsstaaten des Übereinkommens bis zum Jahr 2010 brauchten, um sich auf ein verbindliches Rahmenprotokoll zur Umsetzung dieses Ziels zu einigen. Natur ist eben nicht nur schön und der Dienstleister für viele Grundbedürfnisse, sondern auch ein Wirtschaftsgut mit enormem Potenzial.

Biodiversität als eierlegende Wollmilchsau des Umweltschutzes

Mit all diesen Aspekten – den naturwissenschaftlichen wie den politischen, kulturellen und ökonomischen Dimensionen der Vielfalt – ist die Biodiversität eine Art eierlegende Wollmilchsau der Umweltschutzdiskussion geworden. Ein Begriff, der wahrscheinlich nirgendwo besser passt als hier, denn ein „Tier“, das viele Bedürfnisse des Menschen befriedigt, ist die Biodiversität mit Sicherheit. Sie schafft es, das Spannungsverhältnis zwischen Naturschutz und Naturnutzung zunächst einmal aufzulösen, beide auf einen gemeinsamen Nenner zu bringen und damit eine Grundlage für eine gemeinsame Diskussion dieser Interessen zu schaffen. Und Biodiversität ist zugleich eine naturwissenschaftlich beschreibbare Tatsache wie auch ein Wert für den Menschen, wie Uta Eser, Umweltethikerin aus Nürtingen, schreibt. Die Konfliktlinien ergeben sich in den Details, bei den Wertvorstellungen dazu, welcher Aspekt der Natur am wichtigsten und erhaltungswürdigsten ist, und bei der Spannung, die sich aus der Frage nach Erhaltung oder Nutzung jeder einzelnen Pflanzen- oder Tierart und jedes Ökosystems ergibt, weswegen manche von ihnen weniger und manche mehr werden.

Neben der Politik haben sich auch die Wissenschaften an der Definition der Biodiversität versucht. Wobei manche Wissenschaftler offen gestehen, dass es keine zufriedenstellende Definition gibt, die alle Aspekte der Vielfalt adäquat abbildet und idealerweise in einer durch die Wissenschaft messbaren Weise zusammenfasst. Der US-amerikanische Ökologe Michael Soulé versucht daher eine eher intuitive Erklärung: Man steht an einer vertrauten Stelle in der Natur, dann geht man hinüber zum nahe gelegenen Canyon oder Wald, hinüber zur nächsten Wiese oder zum nächsten Acker. Man hört die Geräusche, die einen umgeben, und sieht die Organismen um einen herum. Das ist Biodiversität. Und dann geht man auf einen anderen Kontinent. Dort wird es ganz anders sein, aber man würde es immer noch als Leben erkennen.

Für mich lässt sich dies in drei Worten zusammenfassen: Biodiversität ist der *Facettenreichtum der Natur*.

Egal, aus welcher Richtung, aus welchem Blickwinkel jeder von uns die Natur oder ihre Elemente betrachtet, wird man unterschiedliche Dinge sehen und unterschiedliche Dinge wertschätzen. Man wird das Zusammenspiel von Facetten unterschiedlich wahrnehmen. So wird ein Physiker einen großen Schwarm Vögel vielleicht aufgrund der Organisationsfähigkeit des Schwarms fasziniert betrachten. Ein Landwirt mag besorgt sein, dass dieser Schwarm seine frischen Weizenkeimlinge auffrisst. Der Vogelkundler mag denken, dass solche Schwärme früher viel größer waren. Und der Tourist, der für diesen Augenblick womöglich einen weiten Weg gereist ist, wird sich einfach nur am Anblick erfreuen.

Womit wir auch wieder beim Menschen angekommen sind. Es muss jemanden geben, der die Vielfalt, die Facetten der Natur wahrnimmt und ihr einen guten oder schlechten Wert beimisst, damit sie eine Bedeutung bekommt und man sich mit ihr auseinandersetzen kann. Auch bei anderen Elementen der Vielfalt ist es nicht anders – würden wir Formen unserer kulturellen Vielfalt, ausgedrückt im Essen, in Sprachen, in der Architektur und in den Kulturen allgemein, nicht wertschätzen und sie mit der Identifikation auch einer lokalen oder regionalen Natur nicht verbinden, wäre unser Leben sehr viel ärmer. Und das Wort Facettenreichtum gäbe es vielleicht gar nicht, um die Natur zu beschreiben.

„Biodiversität ist unsere wertvollste, aber am wenigsten gewertschätzte Ressource."

EDWARD O. WILSON,
US-AMERIKANISCHER BIOLOGE

2. Warum Biodiversität uns etwas wert ist – von Grundbedürfnissen, Bienen, anderen Dienstleistern und vielen schwer fassbaren Facetten

Für jeden von uns besitzt die Natur eine andere Bedeutung, was zunächst davon abhängt, in welcher Zeit, in welchem Land und in welchem Umfeld wir aufgewachsen sind – ob im Frankenwald oder in Köln, in Afrika oder in Australien. Viele Menschen werden auch gar nicht genau sagen können, warum sie einen gewissen Teil der Natur wertschätzen.

Es spielen Elemente unserer evolutionären Entwicklung mit hinein, das Gefühl, ein Teil der Natur zu sein, welches bereits in unserem genetischen Code angelegt ist. Außerdem sind Elemente unserer kulturellen Entwicklung von Bedeutung, was wir essen und trinken, welche Kleidung wir tragen, aber auch die Sichtweise auf Natur, die von den Religionen geprägt wird. Und auch unsere bewussten geistigen Entscheidungen, die wir in vielen Lebenssituationen treffen, sind relevant – die Entscheidung, mobil zu sein, im Grünen zu wohnen, einen Garten zu unterhalten und anderes. In allen Bereichen schätzen wir die Natur, aber es treten auch Konflikte mit ihr auf, etwa bei der Entscheidung, im Garten das Unkraut zu jäten, oder bei der Entscheidung, was wir essen. Diese Ebenen vermischen sich auch im Umgang der Politik mit der Natur. So spricht das Bundesnaturschutzgesetz in seinen Zielen ebenso vom Eigenwert der Natur wie von der Natur als Grundlage für das Leben und die Gesundheit des Menschen. Vielfalt soll ebenso erhalten werden wie die Leistungsfähigkeit des Naturhaushaltes und die Eigenart und Schönheit der Natur und Landschaft.

Abhängigkeiten, die wir gerne vergessen

Die Grundlage für unsere Wertschätzung der Natur liegt schlicht darin, dass wir ohne sie nicht existieren würden und auch nicht weiter existieren könnten. Natur ist die Wurzel und die Zukunft der Evolution des heutigen Menschen aus den Steppen Afrikas hinaus in fast alle Lebensräume der Erde.

Was wir in Mitteleuropa in Zeiten von Supermärkten, Restaurants und Coffee to go an jeder Ecke vergessen, ist, dass die vermeintliche Selbstverständlichkeit ausreichender Ernährung in Wirklichkeit ein sehr hohes Gut ist und dass sich unsere eigentlichen Grundbedürfnisse, die wir aus der Natur befriedigen, mit einer einfachen Einheit markieren lassen: Kilokalorien, dem Energiegehalt von Lebensmitteln. Wir können mittlerweile auf fast allen Nahrungsmitteln, die industriell produziert sind, genau nachlesen, wie viele Kilokalorien sie enthalten, und wir könnten uns theoretisch genau darauf einstellen, den durchschnittlichen Energiebedarf von ca. 2300 Kilokalorien für eine Frau und ca. 2900 Kilokalorien für einen Mann zu decken. Aber in unserer Überflussgesellschaft machen wir uns kaum Gedanken darüber. Mit dem bekannten Ergebnis: In westlichen Ländern steigt die Anzahl von übergewichtigen Personen kontinuierlich. In Deutschland haben laut dem Mikrozensus von 2009 mehr als 51 Prozent aller Bundesbürger einen Body-Mass-Index von mehr als 25, was medizinisch als Übergewicht gilt. Bei den Frauen sind es 43 Prozent, bei den Männern 61 Prozent. Auffällig ist in den letzten Jahren eine starke Zunahme bei den Jugendlichen und jungen Erwachsenen. Der stärkste Zuwachs weltweit zeigt sich allerdings in den Schwellenländern. Die Gründe liegen auf der Hand: Neben der steten Verfügbarkeit von Nahrungsmitteln ist es auch der Bewegungsmangel, sei es schon bei Jugendlichen und ihrem veränderten Freizeitverhalten, sei es durch die zunehmende Bedeutung von Büro- und Computerarbeit.

Was aber ist eigentlich unser Bedarf an Naturversorgung – wie viele Kartoffeln, Nüsse, Kilogramm Mehl etc. müssen wir eigentlich für eine ausgewogene Ernährung zu uns nehmen? Man könnte die Ernährungspläne und Diättipps unzähliger Ratgeber aufführen und sich der Geschichte der Nahrungsmittelerzeugung widmen, um deutlich zu machen, wie sehr sich hier das Grundbedürfnis nach Nahrung mit dem Leben in der modernen Gesellschaft verwoben hat, aber wesentlich ist immer noch die tägliche Nahrung, die den Bedarf eines jeden Menschen deckt.

Ein Freund von mir, Andreas von Heßberg, macht für einen Mitteleuropäer ungewöhnliche Dinge. Er besucht viele ferne Länder, was an sich nicht so ungewöhnlich ist. Aber er tut dies meist mit dem Mountainbike und sucht sich dabei Gegenden aus, die eher durch die Abwesenheit von Straßen auffallen als durch gute Erreichbarkeit oder die Verfügbarkeit von Nahrungsmitteln. Somit braucht er für seine mehrwöchigen Fahrradtouren einen genauen Proviantplan, für eine vierzigtägige Expedition durch das Hochland von Tibet etwa veranschlagt er 37 Kilogramm Proviant. Dies macht 925 Gramm für jeden Tag, in denen 4500 Kilokalorien enthalten sind, was einer sehr hohen Energiedichte für unsere Nahrungsmittel entspricht.

Und so sieht dann, bei einem zugegeben hohen Energieverbrauch, sein Tagesbedarf aus:

Frühstück: 240 Gramm Müsli, bestehend aus Hafer- und Reisflocken (100 g), Cornflakes (20 g), Grieß (30 g), Zucker (40 g), Nüssen (10 g), Trockenfrüchten (20 g) und Milchpulver (20 g).

Tagsüber sind es (mein Freund sitzt auf dem Rad und hat keine Zeit zu kochen): perlierte Kinderbreie (150 g), Trockenäpfel, -birnen und -aprikosen (25 g), Quittenbrot (10 g), kandierte Früchte und Fruchtleder (25 g), Nüsse (30 g), Schinken (10 g) sowie als einzige „Zugeständnisse" an die Entwicklungen der modernen Ernährungsindustrie drei Energieriegel pro Tag und Vitamintabletten.

Abends wird gekocht, und eine durchschnittliche Mahlzeit sieht dann in etwa so aus: Nudeln (200 g) oder Couscous (100 g) oder Reis (80 g), dazu Trockengemüse (80 g), Trockenfleisch (30 g), Gewürze und Kräuter, Milchpulver (30 g), getrocknetes Rührei (10 g), Kräutertee mit Zucker und ein Energieriegel.

Das erscheint auf den ersten Blick als gar nicht so viel, aber den Inhalt machen die Kalorien, Mineralien und andere wertvolle Nährstoffe aus, und es kommt mengenmäßig noch das Wasser dazu, das all diese Produkte erst genießbar machen muss. In unseren Nahrungsmitteln, gerade eben auch in den frischen Gemüsen und Früchten, ist dieses Wasser noch enthalten und macht bis zu 95 Prozent und mehr der Masse aus. Damit zeigt sich, dass auch große körperliche Anstrengungen mit einer überschaubaren Menge an Nahrung zu bewältigen sind. Das Gefühl dafür ist uns aber in der Nähe einer Supermarktkasse verloren gegangen.

Auffällig ist im Übrigen auch die Artenvielfalt im Essen: Allein zu der obigen Liste haben mindestens dreißig Pflanzenarten und drei Tierarten – Wildschwein für den Schinken, Hühner für die Eier und Kühe für die Milch – beigetragen. Mein Freund sagte mir, dass diese Vielfalt für eine Expedition nicht unbedingt nötig sei, aber auf einer solchen Tour geht es ja bei all der Anstrengung auch um das eigene Wohlbefinden, und dafür ist das Essen gerade dann auch sehr, sehr wichtig – und eine gewisse Vielfalt, etwa bei Früchten und Nüssen, kann das Wohlbefinden doch wieder erheblich steigern. Und auch hier gilt: Die größte Belohnung ist am

Ende der Tour (oder vielleicht auch zwischendurch) die erste Tafel Schokolade oder frisches Brot.

Ausreichende und gesunde Nahrung ist die Basis für unsere Gesundheit. So wie mein Freund sich in erster Linie mit der Nahrung gesund und fit hält, um seine Tour zu meistern, so dient jedem von uns die Nahrung zunächst zur Erhaltung seiner Leistungsfähigkeit, körperlich wie geistig.

Ebenso wie bei der Nahrung hängt auch unsere Gesundheit direkt von der Natur ab – denn sie ist es, die auch Krankheitserregern einen Lebensraum bietet, inklusive wir als Wirte für Parasiten und Viren. Sie bildet aber auch die Grundlage, dass diese nicht überhand nehmen und sich nicht ohne Weiteres ausbreiten. Missleistung (durch Krankheit) und Dienstleistung (durch Behinderung der Ausbreitung) für den Menschen liegen hier eng beieinander. So zeigen zahlreiche Studien, dass Kinder, die in Kontakt mit der Natur aufwachsen, deutlich weniger gefährdet sind, an Allergien zu erkranken. Man könnte auch sagen, der Umgang mit der Natur härtet uns als Naturwesen ab.

Faszination, Respekt und Verbundenheit

Sowohl unsere direkten Abhängigkeiten, und seien sie auch noch so grundlegend in der Evolution des Menschen begründet, als auch unsere emotionalen Einstellungen zur Natur zeigen, wie stark die Qualität unseres Lebens – unser Wohlergehen – von der Natur abhängt. Ernährung und Gesundheit sind die grundlegendsten Bedürfnisse, aber es geht noch weiter, etwa mit unserem Sicherheitsbedürfnis oder dem Wunsch nach intakten sozialen Beziehungen. Eine Natur, die auch für diese Bedürfnisse die Grundlage bietet, ist in vielen Regionen der Erde von zentraler Bedeutung für das Wohlergehen. Dabei bildet die Naturerfahrung nachweislich einen wichtigen Aspekt in der Persönlichkeitsbildung, ob im Erlernen der Nahrungsbeschaffung bei Naturvölkern oder beim Spielen im Wald bei uns. Die Fähigkeit zur sinnlichen Wahrnehmung wird dadurch gestärkt.

Unsere Verbundenheit mit der Natur äußert sich aber auch im beständigen Kampf, den wir im Umgang mit der Natur austragen, denn als Teil der Natur ist uns ebenfalls der Respekt vor ihr eigen. Am eindrücklichsten zeigt sich das wahrscheinlich in vielen Naturreligionen, nicht geringe Spuren davon sind aber auch im industrialisierten Mitteleuropa zu finden, wo die Menschen sich Gedanken über Naturschutz machen oder sich entscheiden, keine Tiere zu essen.

Dabei lässt sich geflissentlich streiten, „wie viel" Natur wir für unser Wohlergehen brauchen. Viele Städter werden womöglich antworten: „Gar keine!" Denn sie haben ja einen Supermarkt um die Ecke, haben ein Auto, eine Wasserleitung und ihre Arbeit in einem Büro. Natur mag sich hier in der Wahrnehmung auf den Ficus-Baum neben dem Schreibtisch beschränken. Bei den meisten Menschen jedoch bleibt die Natur ein Teil der Bedürfnisse, und zwar über die Ernährung und die Gesundheit hinaus. So waren die wichtigsten Eigenschaften, die die Deutschen in der Naturbewusstseinsstudie von 2011 nannten: „schön", „wertvoll", „nützlich", „anziehend" und „vertraut". Attribute, die auch durchaus gegensätzlich sind und damit unseren Zwiespalt im Umgang mit der Natur aufzeigen.

Der nullte Sektor: Natur ist voll von Dienstleistungen und Dienstleistern

Ein Supermarkt ist eine Dienstleistung. Ein Auto ist ein produziertes Gut und eine durch eine Werkstatt unterhaltene Dienstleistung. Die Straßen sind eine Infrastruktur-Dienstleistung des Staates. Die Wasserleitung und die Tatsache, dass sauberes Wasser durch die Leitung zu uns gelangt, ist auch eine Dienstleistung. Der Pizzadienst, der Putzservice, die Post, die Bank ... Wir leben heutzutage in Mitteleuropa in der viel beschworenen Dienstleistungsgesellschaft, was bedeuten soll, dass wir einen wachsenden Teil unseres Einkommens direkt dafür ausgeben, dass andere Personen oder Firmen eine Leistung für uns erbringen, für die wir selbst die Zeit nicht aufwenden wollen oder die wir gar nicht selbst ausführen können. In Deutschland sind über 60 Prozent der Beschäftigten im Dienstleistungssektor, dem tertiären Sektor, tätig. Allerdings erbringen auch die Beschäftigten in den anderen Wirtschaftssektoren eine Leistung für uns.

In der Land- und Forstwirtschaft, dem primären Sektor der Wirtschaft, arbeiten in Deutschland heute noch fünf Prozent der Beschäftigten. Früher lag deren Anteil wesentlich höher, im Zuge der Mechanisierung vor allem in der Landwirtschaft nahm er aber über die Jahrzehnte immer weiter ab. Heute holt ein Landwirt, unterstützt durch unzählige Liter Diesel für den Traktor, Düngemittel und Strom, ein Vielfaches dessen aus der Natur heraus, wofür früher viele Arbeitskräfte notwendig waren.

Im sekundären Sektor, dem produzierenden Gewerbe, sind gegenwärtig in Deutschland 25 Prozent der Beschäftigten tätig. Ihre Produktion basiert zum Teil auf Produkten des primären Sektors und verlangt in noch höherem Maße als dort nach Eingriffen in die Natur, vor allem bei Rohstoffen wie Holz, Eisen, Kohle, Edelmetallen und vielem mehr.

Der ganzen Ökonomie aus primärem, sekundärem und tertiärem Sektor liegt aber noch ein anderer Sektor zugrunde – der nullte Sektor. Basis all unseres Wirtschaftens sind die Natur und ihre Biodiversität mit ihrem gesamten Facettenreichtum. Sie umfasst Abermilliarden „Arbeitskräfte" und liefert die Grundstoffe für unsere Wirtschaft oft frei Haus.

Alle unsere Güter und Dienstleistungen hängen letztendlich in mehr oder minder großem Umfang von diesem nullten Sektor ab:

- Nahrungsmittel, Arzneimittelgrundstoffe und Holz als Güter des primären Sektors,
- Industriegüter, wie Papier aus Holz, Wasser und Energie (ebenso wie der Mikrochip),
- Dienstleistungen des tertiären Sektors, die vielfach auf den Produkten der ersten beiden Sektoren aufbauen oder diese „weiterverwerten", Stichwort: Pizzaservice.

Mit unserer auf Wachstum ausgerichteten Wirtschaft nehmen wir dabei einen immer größeren Anteil des nullten Sektors für menschliche Bedürfnisse in Beschlag. So zeigen verschiedene Berechnungen, dass die Menschheit mittlerweile schon 25 Prozent der weltweit produzierten Pflanzenmasse, der sogenannten Nettoprimärproduktion, für ihre Zwecke nutzt. Entsprechend weniger bleibt für die Natur übrig.

Ende der 1980er-Jahre begannen verschiedene Wissenschaftler darüber nachzudenken, wie man die Beziehung zwischen Mensch und Natur, den vielfältigen Nutzen der Natur für das menschliche Wohlbefinden besser greifbar und ein Stück weit systematisch darstellen kann. In der ökologischen Forschung zeigten sich immer mehr die Auswirkungen und Grenzen des menschlichen Wirtschaftens. Die klassische Ökonomie ignorierte den Faktor Natur aus dem nullten Sektor weitgehend und ging davon aus, dass der Verlust an natürlichen Grundlagen durch technische Innovation und Finanzkapital zu ersetzen sei.

Um den Graben zwischen diesen beiden Perspektiven sichtbar und in der Folge auch überbrückbar zu machen, entwickelte die Wissenschaft den Begriff der ökosystemaren Dienstleistungen (auf Englisch: ecosystem services), der recht schnell in Wissenschaft und Politik Karriere machte. Deutlich ist dabei die Anlehnung an den menschlichen Dienstleistungssektor, denn schon der Begriff soll unterstreichen, dass es um die Leistungen der Natur für den Menschen geht, also der Nutzungsaspekt und nicht der Erhaltungsaspekt der Biodiversität im Vordergrund steht.

2005 wurde mit dem Millennium Ecosystem Assessment zum ersten Mal der Versuch einer globalen Erfassung dieser Leistungen unternommen. Das Kurzfazit fiel erschreckend aus – und wenig überraschend: Zwei Drittel der 24 betrachteten Dienstleistungen sind in den letzten fünfzig Jahren teilweise massiv zurückgegangen, nur wenige konnten sich steigern.

Was sind aber nun diese Dienstleistungen, die uns die Natur bereitstellt und die die Grundlage für unsere Wirtschaft bilden? Es gibt viele Möglichkeiten, sie zu klassifizieren. So könnte man sich anschauen, welche Aspekte des menschlichen Wohlergehens die Natur unterstützt – die Grundversorgung, die Gesundheit, gute soziale Beziehungen, Sicherheit und Entscheidungsfreiheit. Für alle diese fünf Aspekte fallen uns, mal mehr, mal weniger klar, Leistungen der Natur ein, die dazu beitragen. Zur Grundversorgung zählen nicht nur Nahrungsmittel, sondern auch sauberes Trinkwasser und vielleicht sogar die Luft, die wir atmen – die über Jahrmillionen durch die Pflanzen mit Sauerstoff angereichert wurde. Auch die Regulation von Schädlingen in der landwirtschaftlichen Produktion durch natürliche Feinde zählt man dazu. Neben der Ernährung ist der Effekt auf die Gesundheit am offensichtlichsten. Auch heute noch stammen über zwei Drittel unserer Medikamente aus dem Arzneischrank namens Natur. Neben so geläufigen Beispielen wie dem ursprünglich aus der Weidenrinde gewonnenen Schmerzmittel Acetylsalicylsäure, besser bekannt als Wirkstoff des Aspirins, tauchen in unserem Umfeld auch immer wieder neue Naturprodukte auf, die der Gesundheit förderlich sind, denken wir nur an Teebaumöl, den Hoodia-Kaktus, Aloe Vera oder Mittel aus dem Erdrauchkraut. Aber Gesundheit lässt sich noch viel weiter fassen. So können gesunde Ökosysteme das Aufkommen von Krankheitserregern regulieren und reduzieren.

Bereits im 19. Jahrhundert bildete sich ein Bewusstsein dafür, dass diesen Leistungen der Natur vor allem bei der Grundversorgung und Gesundheit eine zentrale Bedeutung zukommt und sie hinsichtlich der Entwicklung einer Gesellschaft von strategischer Bedeutung sein könnten. So schrieb bereits um 1870 der britische Botaniker Richard Spruce: „Jedwede pflanzliche Substanz, die dem Menschen von Nutzen ist, muss durch Kultur der jeweiligen Pflanze gewonnen werden. Denn während die Nachfrage nach so kostbaren Stoffen wie Jesuitenrinde, Sarsaparille, Kautschuk und so weiter zwangsläufig steigt, wird das, was der Wald liefert, immer weniger werden und letztendlich versiegen." Die britische Regierung und andere Kolonialmächte handelten entsprechend und versuchten einerseits, wertvolle Pflanzen zu finden und idealerweise in ihren Heimatländern oder in eigenen Kolonien zu kultivieren. Das markante Ergebnis dieses Strebens ist einer der beeindruckendsten botanischen Gärten der Welt: Kew Gardens in London. Dort werden auch heute noch mehrere tausend Pflanzenarten gezüchtet und erhalten. Die Samenbank des Gartens enthält 30 800 Arten aus der ganzen Welt mit ca. 1,8 Milliarden Samen. Und auch wenn der kommerzielle Nutzen aus dieser Sammlung gegenüber der reinen Erhaltung der Artenvielfalt mehr und mehr in den Schatten tritt, spielt er doch noch immer eine Rolle. Denn es darf nicht vergessen werden: Auch die Vielfalt hat ihren monetären Wert. Jeder Orchideenliebhaber, der Pflanzen für seine Sammlungen erwirbt, wird das bestätigen.

Auf der anderen Seite wurden um solche Schätze auch schon früh Kriege geführt, an vorderster Front standen die Kolonialmächte. Die Muskatnuss beispielsweise, im 16. Jahrhundert für den europäischen Markt entdeckt, zählte schnell zu den „In-Produkten" in Europa, u.a. weil sie als wirksames Mittel gegen die Pest galt. So wurde sie zu einem stark umkämpften Handelsgut im asiatischen Raum. Die Niederlande als Kolonialherren der Banda-Inseln, auf denen der Muskatnussbaum wuchs, bauten erfolgreich ein entsprechendes Monopol auf. Erst als es 1770 gelang, Muskatnussbaum-Setzlinge von der Insel zu schmuggeln und auf Mauritius zu kultivieren, fiel das Monopol und die Kämpfe verlagerten sich auf andere Produkte.

Betrachten wir die „guten sozialen Beziehungen" als wichtigen Faktor unseres Wohlergehens, so mag es uns aus unserer westlichen Perspektive etwas schwierig erscheinen, hier die Bedeutung von Ökosystemen zu erkennen. In anderen Kulturen gilt dieser Faktor aber als essenziell. Die gemeinsame Versorgung mit Lebensmitteln und Gebrauchsgütern aus der Natur ist dort häufig entscheidend für den Familien- oder Gruppenzusammenhalt. Besonders bei vielen Naturvölkern ist der Umgang mit der Natur nach bestimmten Regeln ausschlaggebend für die Erhaltung der Familien und Stämme.

Eng damit verbunden ist auch das Thema Sicherheit – weit über die Lebensmittelversorgung hinaus. Das Dach über dem Kopf, das vor Regen und Unwettern schützt, besteht häufig noch aus Naturgütern. Oder denken wir an die Regulationsfunktion einer intakten Flussaue bei Überflutungen oder an die Klimaregulation von großen Grünanlagen in der Stadt. Gibt es für all diese Bedürfnisse genügend Optionen aus der Natur, erhöht sich auch in erheblichem Maße die Entscheidungsfreiheit. Für viele von uns erscheint das als selbstverständlich. Entscheidungsfreiheit haben wir zur Genüge, wenn das Einkommen stimmt. Dann können wir auch im Winter Erdbeeren aus Marokko, Spargel aus Peru oder Kaviar aus Russland kaufen. Oder Weine und Wasser aus der ganzen Welt.

Wie man an den Beispielen erkennt, gestaltet sich der Einfluss der Natur auf das menschliche Wohlergehen vielfältig. Er kann sich positiv, er kann sich aber auch negativ auswirken, denkt man etwa an Krankheitserreger oder die tierischen Feinde des Menschen. Der US-amerikanische Autor David Quammen beschreibt dies sehr eindrücklich in seinem Buch „Das Lächeln des Tigers" über das ambivalente Verhältnis von menschlichen Kulturen zu den Tierarten, die dem Menschen die Rolle als Endpunkt der

Nahrungskette streitig machen und gelegentlich sogar Menschen töten und fressen – sei es das Krokodil, der Tiger, Löwe oder Braunbär. Solche Beziehungen sind aber zugleich eine wichtige Basis für die ganze Entwicklungsgeschichte der Menschheit.

Raubtiere können auch die Existenz von Schaf- und Rinderhaltern gefährden, indem sie deren Nutztiere töten. Die Natur hier als Service zu betrachten wird uns allen schwerfallen, und genau diese Wahrnehmung von Raubtieren hat nicht zuletzt dazu geführt, dass in Mitteleuropa viele von ihnen schon zwischen dem 17. und 19. Jahrhundert ausgerottet worden sind, so etwa Wolf, Braunbär und Luchs. Der Löwe, den wir heute als rein süd- und ostafrikanisches Tier wahrnehmen, war noch zur Zeit der Römer über ganz Afrika bis hin nach Griechenland, die Türkei, Persien und das nördliche Indien verbreitet, wurde aber fast überall ausgerottet. Neben den afrikanischen Savannenlöwen hat nur eine kleine Population im indischen Gir-Wald zwei Jahrtausende der Nachstellungen überlebt.

Auch andere Arten, die in Nahrungskonkurrenz zum Menschen stehen – etwa der Fischotter oder der Kormoran –, wurden gezielt verfolgt und standen in Mitteleuropa zuweilen am Rande der Ausrottung. Heute kommen viele dieser Tiere wieder in unseren Breiten vor, teilweise sogar vom Menschen gefördert. Mit dem Ergebnis, dass fast überall die öffentliche Meinung sofort wieder von einer „Fehlleistung" der Natur spricht, da diese Arten Wild, Fisch und Vieh fressen, also genau dieselbe Nahrung brauchen wie der Mensch. Kompensationsmaßnahmen müssen sichergestellt werden, der durch diese Tiere verursachte Schaden muss sich in Grenzen halten, etwa indem der Verlust eines Schafes, das durch einen Wolf oder einen Luchs gerissen wird, kompensiert wird.

Einen viel größeren Effekt als all diese Raubtiere haben Krankheitserreger jeglicher Art, die unzählige Menschen das Leben kosten und damit eine weitaus größere „Fehlleistung" darstellen als Fischotter oder Kormoran. Allein an Malaria sterben jährlich etwa eine Million Menschen, neunzig Prozent davon in Afrika. Gelbfieber verursacht pro Jahr ca. 30000 Tote, Grippeviren sind für schätzungsweise 250000 bis 500000 Tote verantwortlich. Laut Zahlen der Weltgesundheitsorganisation waren es auch 2008 wieder die natürlichen Feinde des Menschen, die den Hauptgrund für die meisten Toten weltweit boten. Gemeint sind vor allem Krankheiten. Und es ist interessant, dass sich tendenziell dort am meisten Infektionskrankheiten finden, wo die Artenzahlen an Säugetieren und Vögeln, unseren engen Verwandten im weiteren Sinne, groß sind.

Schädlinge und Parasiten an unseren Nahrungsmitteln zerstören jährlich Millionen von Tonnen an Nahrungsmitteln und gefährden damit die Lebensgrundlage vieler Menschen. Nicht ohne Grund zählt schon das Alte Testament die Massenvermehrung von Heuschrecken, Stechmücken und Stechfliegen zu den zehn Plagen, die über Ägypten hereinbrechen, ebenso wie Viehpest und Schwarze Blattern. Im Altertum waren diese natürlichen Gefahren noch viel greifbarer und bedrohlicher als heute.

Allerdings ist die Natur nie einseitig, sie kann auch wieder den Service bieten, solche natürlichen Gefahren zumindest abzumildern. Das wird vor allem dort deutlich, wo die Natur zurückgedrängt wurde. Die Verbreitung etwa von Infektionskrankheiten wurde häufig durch die Umwandlung von natürlichen Ökosystemen in intensiv genutzte Landschaften verstärkt. Insbesondere Umwandlungen in Wassereinzugsgebiete können Gefahren bergen. Ein Dammbau am Senegal-Fluss führte in den 1980er-Jahren dazu, dass sich die Zusammensetzung der Schneckenpopulationen im Wasser wesentlich veränderte. Die häufiger auftretende Schnecke *Biomphalaria pfeifferi* war aber Wirt und Überträger der Schistomatose, einer schweren Tropenkrankheit, die sich in der Folge im gesamten Gebiet massiv ausbreitete. Und es gibt auch Beispiele dafür, wie starke Abholzung dazu führt, dass der

Übergang von Krankheiten aus Waldgebieten in von Menschen bewohnte Gebiete stark zunimmt, aus dem Grund, dass sich nun Wirtstiere und Insekten als Überträger näher beim Menschen befinden. Ökosysteme können hier also als Serviceleistung eine Pufferwirkung bieten.

Ein letzter wichtiger Faktor ist auch das enge Zusammenleben des Menschen mit seinen Nutztieren, ggf. noch in direkter Nähe zu gestörten Lebensräumen, wie oben beschrieben. Dies erhöht die Wahrscheinlichkeit noch weiter, dass durch Nutztiere als Zwischenwirte eine Krankheit auf den Menschen übertragen wird. Ein bekanntes Beispiel dafür war vermutlich der Ausbruch des SARS-Virus im Jahr 2002/2003, bei dem ca. tausend Menschen, vornehmlich in Südostasien, starben. Es wird vermutet, dass das Virus womöglich durch verzehrte Wildtiere, etwa Schleichkatzen, übertragen wurde.

Beim Konzept der ökosystemaren Dienstleistungen stehen also diese positiven Aspekte im Vordergrund. So versucht auch die am häufigsten gebrauchte Einteilung von Ökosystemdienstleistungen, hauptsächlich mit drei positiven Kategorien auszukommen.

Natur als Versorger

Versorgungsleistungen liefern dem Menschen alle essenziellen Güter aus der Natur – Nahrung, Kleidung, Holz, Arzneimittel und vieles mehr. Hinzu kommt die Wasserversorgung. Nach dem Millennium Ecosystem Assessment von 2005 war bei den Leistungen Getreideanbau, Viehbestand und Aquakultur in den letzten fünfzig Jahren ein starker Anstieg zu verzeichnen, bei Holz und anderen Naturfasern bot sich ein gemischtes Bild. In vielen tropischen und subtropischen Ländern nimmt der Waldbestand weiter massiv ab, ebenso in Sibirien und teilweise in Nordamerika. In Europa dagegen nimmt der Waldbestand zu, auch wenn er seit dem Boom der Bioenergie wegen der Holzhackschnitzeln oder Holzpellets wieder stärker unter Nutzungsdruck steht. Negativ sind dagegen die Entwicklungen beim Fischfang und anderen Gütern aus der Natur wie etwa Trinkwasser, Brennmaterial, pharmazeutischen Stoffen und genetischen Ressourcen im Allgemeinen. Hier hat sich die Situation in den letzten fünfzig Jahren großflächig verschlechtert.

Natur als Regulator

Regulationsleistungen runden über die Versorgungsleistungen hinaus das „große Bild“ ab. Dabei geht es etwa um die Klimaregulation, kleinräumig in der Stadt, aber ebenso global durch die Festlegung von Kohlenstoff in Pflanzen und Böden, die Hochwasserregulation an Flüssen, die Vermeidung von Erosion an Hängen und Sturmschäden an der Küste, aber auch die Grundwasseranreicherung und damit die dauerhafte Versorgung von Ökosystemen mit Wasser. Die Regulierung von Krankheitserregern findet hier ebenfalls ihren Platz.

Und auch hier fällt das Bild in den letzten fünfzig Jahren eher negativ aus. Zwar kann die Kohlenstoffspeicherung in den Ozeanen, Böden und Wäldern bislang eine positive Bilanz aufweisen – etwa die Hälfte des durch den Menschen zusätzlich ausgestoßenen CO_2 wird derzeit dort gebunden, vor allem in den Ozeanen –, doch könnte sich das in der Zukunft schnell ändern. Bei der Regulierung des Wasserhaushalts gibt es ebenso Erfolge wie Probleme – z.B. durch zunehmende Überschwemmungen. Die Eindämmung von Krankheiten kann in vielen Bereichen der Welt eine positive Bilanz aufweisen, auch dank der Mithilfe der Natur, aber nicht überall. Bei allen anderen Regulationsleistungen der Natur gibt es jedoch negative Trends. So ist die Luftreinhaltung zunehmend schlechter geworden, auch die regionale Klimaregulation, etwa durch große Waldflächen, verschlechtert sich. Weltweit stellt die Bodenerosion ein massives Problem dar, sogar die Selbstreinigungsfunktion des Wassers ist reduziert, ebenso die biologische Schädlingsbekämpfung wie auch die Bestäubung von Pflanzen. Und schließlich hat der Schutz vor natürlichen Extremereignissen abgenommen. So werden an den Küsten im tropischen Bereich mehr und mehr Korallenriffe und Mangrovenwälder zerstört, die einen natürlichen Schutz vor Stürmen bieten. Ebenso hat die Fähigkeit vieler Flüsse und ihrer umgebenden Flächen abgenommen, Hochwassergefahren zu puffern. Die „Jahrhundertflut" an der Elbe im Jahr 2002 ist hier nur ein Beispiel. Vielfach hat dies auch direkt damit zu tun, dass sich die menschlichen Siedlungen an Küsten und Flüssen weiter massiv ausweiten. Entsprechend steigen bei Extremereignissen auch die Schäden – wo mehr Kapital verbaut ist, kann auch mehr zerstört werden.

Natur als Kulturleistung

Kulturelle Leistungen, die dritte Kategorie, sind ein Stück abstrakter und stehen in engem Zusammenhang mit dem, was wir für und durch die Natur empfinden und wie die Natur zu unserem Wohlbefinden beiträgt. Allein schon ein ästhetisches Erleben kann damit gemeint sein oder die spirituelle Bedeutung von Natur, etwa von heiligen Bäumen und Hainen. Beispiel Gartenarbeit: Millionen von Deutschen ist es ein Bedürfnis, ihren Garten zu pflegen, den Pflanzen beim Wachsen zuzusehen und das Wachstum zu kontrollieren, mit der Rosenschere oder dem Rasenmäher. Steht genügend Platz zur Verfügung, schaffen sich die meisten Gärtner ein kleines Stück „Savanne" – eine offene Fläche Rasen, an deren Rändern vereinzelt Bäume stehen. Ein Ideal, das sich auch in vielen Parkanlagen zeigt, sei es bei den klassischen

„englischen" Gärten, die sich in ganz Europa erhalten haben und viele Besucher anziehen, sei es bei japanischen Gärten, wo der Schaffung von Sichtachsen und der genauen Kontrolle von Proportionen einzelner Pflanzen und Bereiche noch mehr Aufmerksamkeit geschenkt wird. Womöglich liebt der Mensch als Garten- und Parkgestalter auch deshalb offene, savannenartige Flächen, weil er ursprünglich aus eben dieser Landschaft stammt und über Jahrmillionen hinweg den überlebenswichtigen weiten Blick über die ihn umgebende Landschaft benötigte. Somit kann man in einer offenen Garten- und Parkgestaltung auch eine Dienstleistung an einen der Urinstinkte in uns Menschen erkennen.

Dieser Teil der Naturdienstleistungen ist perfekt durch den Menschen „in Wert gesetzt" worden. Die Dienstleistungen im Gartenbau machten in Deutschland im Jahr 2005 einen Umsatz von ca. 5,2 Milliarden Euro. Die jährlichen Produkte des Garten- und Obstanbaus haben einen Wert von ca. 4,6 Milliarden Euro. Es gibt über 34 000 Betriebe in Deutschland, die uns alljährlich mit Obst und Gemüse, neuen Pflanzen und Saatgut versorgen. Von den 23 000 Betrieben, die ihren Schwerpunkt auf die Erzeugung von Pflanzen legen, sind 2300 Betriebe Baumschulen, 5900 Betriebe produzieren Blumen und Zierpflanzen. Die Produktionsdienstleistung der Natur wird hier eng mit der kulturellen Dienstleistung des Sich-Erfreuens an der Natur verknüpft. Jeder, der auf dem Balkon oder im Garten Zierpflanzen, Obst, Gemüse oder Kräuter zieht, wird das wissen. Die Produktion von Nahrung ist eben auch eine kulturelle und zugleich entspannende Handlung. Der Schrebergarten oder seit wenigen Jahren das urbane Gärtnern, bei dem sich eine Gruppe Interessierter zusammenfindet, um auf Brachflächen in der Stadt Obst, Gemüse und Blumen anzubauen, sind dafür ein Ausdruck.

Auch die Erholungsfunktion einer Parkanlage oder eines Stadtwaldes und die Bedeutung der Natur als Urlaubsort spielen eine wichtige Rolle, wenn beispielsweise Millionen von Touristen in National- und Naturparks fahren. Die Idee, die Natur zum Erholungsort und damit auch explizit zur Geldquelle für die Erhaltung eben dieser Natur zu machen, kam über den deutschen Zoologen und Direktor des Frankfurter Zoologischen Gartens Bernhard Grzimek nach Deutschland. Um die Steppenlandschaft der Serengeti in Tansania zu retten, drehte er zusammen mit seinem Sohn Michael den Oscar-prämierten Film „Serengeti darf nicht sterben". Dadurch wurde Grzimek in Deutschland bekannt, und seine Sendung „Ein Platz für Tiere" lief über dreißig Jahre im deutschen Fernsehen. Um die Serengeti zu erhalten, warb Grzimek für einen Pauschaltourismus als Einnahmequelle – mit Erfolg: Prompt fragten interessierte Deutsche massenhaft bei Reiseveranstaltern nach. Auch vor Ort nutzen Grzimek und andere westliche Naturschützer das Argument. Um das Bild der intakten, menschenfreien Natur zu sichern, wurde dafür aber auch die einheimische Bevölkerung aus Nationalparks wie der Serengeti verdrängt, die Einnahmen blieben nur wenigen vorbehalten. Ein Bild, das auch heute noch mancherorts vorherrscht, wo „wilde" Natur verkauft wird. Und dieses Argumentationsmuster ist noch heute im Naturschutz wichtig. In den letzten Jahren wurden auch in Deutschland zahlreiche Studien angefertigt, die verdeutlichen, wie bedeutsam der Tourismus auch für die deutschen Nationalparks ist. So kommen in die Sächsische Schweiz, wie ein Team um Professor Job von der Universität Würzburg ermittelte, 530000 Besucher einzig wegen des Nationalparks. Zusätzliche 1,18 Millionen Gäste kommen zu anderen Besuchszielen der Region, vor allem ins nahe gelegene Dresden. Jeder Tourist gibt im Durchschnitt 34 Euro pro Tag aus, was einem Gesamtumsatz von etwa 58 Millionen Euro entspricht – ein großer Teil davon verbleibt in der Sächsischen Schweiz und sichert das Einkommen von annähernd zweitausend Personen.

Schätzungen aus dem Jahr 2003 besagen, dass alle Nationalparks, Biosphärenreservate und Naturparks in Deutschland zusammen ca. 290 Millionen Besucher zählten. Das reicht vom einfachen Tagesausflug und Spaziergang in einem Naturpark nahe den Ballungszentren bis hin zu mehrwöchigen Urlauben etwa im Nationalpark Wattenmeer. Alleine dort nahmen im Jahr 2007 insgesamt 125 000 Menschen an rund 6200 Wattführungen teil.

War zu Zeiten von Bernhard Grzimek der Tourismus vielleicht noch eine gute Idee, um den Wert intakter Natur für den Lebensraum zu verdeutlichen und zu sichern, ist der Tourismus heute allerdings ein Problem in vielen dieser Gebiete. Durch die hohe Zahl an Touristen – zum Beispiel kommen gegenwärtig ca. 140 000 jährlich in die Serengeti – sind die Störungen für die Tierwelt massiv. Aus ökologischer Sicht müsste der Zugang stärker beschränkt werden, was der örtlichen Tourismusbranche aber wenig behagt. Der Natur-Tourismus im südlichen Afrika ist schon lange ein Massenphänomen. Neben den großen Nationalparks gibt es in Südafrika unzählige private Parks oder Wildfarmen, die die Sichtung der „fünf Großen" jeder Safari – Elefant, Spitzmaulnashorn, Afrikanischer Büffel, Löwe und Leopard – versprechen. Diese fünf Großen hatten ursprünglich eine ganz andere Bedeutung – sie waren die fünf großen Ziele der Großwildjäger – und sie sind es für die Wilderer in doppelter Hinsicht auch heute noch.

Solche Beispiele für das Spannungsfeld zwischen Naturschutz und Tourismus gibt es etliche in der Welt, etwa am Kilimandscharo, den mittlerweile mehr als 20 000 Touristen pro Jahr besteigen wollen. Auch der Mount Everest wird von den Massen überrannt, wenn man das beim höchsten Berg der Erde so nennen kann. In den letzten Jahren schafften es immerhin durchschnittlich 500 Menschen pro Jahr auf den Gipfel. Am 23. Mai 2010 wurde mit allein 170 Personen an einem Tag der bisherige

Rekord aufgestellt. Und auf jeden Gipfelbesteiger kommen weit über zehn Begleitpersonen im Basislager. Entsprechend stark belastet wird die empfindliche Hochgebirgsnatur.

Gerade auch in den Industrieländern ist das Problem immanent: Im Wattenmeer, das jährlich viele Millionen Urlauber besuchen, wachsen die Herausforderungen, die Natur vor Störungen zu schützen. In den amerikanischen Nationalpark-Ikonen, dem Yosemite-Nationalpark in Kalifornien oder dem Yellowstone-Nationalpark in Wyoming, wo Jahr für Jahr 3,5 bzw. 3,6 Millionen Besucher vor allem im Sommer herbeiströmen, werden die Zufahrtsstraßen zeitweise geschlossen, weil die Verkehrswege in den Parks nur eine begrenzte Anzahl von Autos aufnehmen können. Die Erlaubnis, mit dem Rucksack ins Hinterland der Parks zu wandern, wird streng reglementiert – aber das wollen die meisten Gäste auch gar nicht. Sie beschränken sich auf den Besuch der zentralen Aussichtspunkte. Dass auch diese Natur nicht mehr naturbelassen ist, überrascht kaum. Die Wölfe im Yellowstone-Nationalpark wurden in den 1930er-Jahren ausgerottet, von den einstmals riesigen Bison-Herden hatten Anfang des 20. Jahrhunderts nur wenige Dutzend Tiere überlebt. Die Bisons wurden in den 1920er-Jahren durch eine gezielte Zucht gerettet, sodass heute mehrere tausend Tiere dort leben. Wölfe wurden erst 1995 erneut eingeführt, nun gibt es wieder mehr als einhundert Tiere, die sich auch im Umkreis ausgebreitet haben. Ähnlich wie bei den „fünf Großen“ in Ost- und Südafrika gehört es im Yellowstone einfach dazu, mindestens ein Bison gesehen zu haben. Wolf und Bär, ob Grizzly oder Schwarzbär, und der Wapiti-Hirsch runden das Fotoalbum des Touristen ab. Zumindest bei einigen Arten ist die Sichtung nicht weiter schwer: Bisons haben mittlerweile eine so geringe Scheu, dass sie direkt neben den Straßen zu entdecken sind. Schwarzbären sind sogar zum regelrechten Problem geworden, weil sie sich an den Müll der Camper als Nahrungsergänzung gewöhnt haben.

Das Millennium Ecosystem Assessment kommt bei den kulturellen Dienstleistungen zu einem ambivalenten Schluss: Erholungsfunktion und (nachhaltiger) Tourismus in der Natur haben zugenommen. Mehr als die Hälfte der Menschheit wohnt heute in Städten, eine naturnahe Umgebung als Ausgleich ist daher ein wichtiger Faktor für deren Wohlbefinden. Dagegen stehen die entsprechenden negativen Auswirkungen einer Massennutzung – man stelle sich nur eine nicht durch Hotelkomplexe zugebaute Mittelmeerküste vor.

In unserer Gesellschaft schätzen wir viele Dinge wert. Eine gute Mahlzeit des Agrar- und Fischereisektors, vielleicht mit einem guten Stück Kabeljau oder Rindfleisch und verschiedenen Gemüsesorten und Kartoffeln dazu. Zum Dessert eine Mousse au Chocolat oder Crème brûlée mit Kakao oder Vanille aus den Tropen. Der Bausektor erfreut uns, wenn wir ein neues Haus beziehen können, am liebsten im Grünen und vielleicht sogar mit vielen natürlichen Baustoffen gebaut. Bei den Dienstleistungen steht für uns heute, glaubt man der Werbung, ein schneller Internetzugang mit dem neuesten Mobilfunkgerät an erster Stelle. Schaut man aber auf Umfragen, die sich damit beschäftigen, was für das Wohlergehen der Menschen am wichtigsten ist, haben meist immer noch Gesundheit, Partnerschaft und Familie die Priorität vor den wirtschaftlichen Dingen. All diese Aspekte unseres Wohlergehens drücken wir in Werten für unser persönliches Leben und unser Zusammenleben aus. Verblüffenderweise sind viele dieser Dinge, ob direkt oder indirekt, mit dem Facettenreichtum der Natur und ihren Leistungen für uns verbunden. Darin spiegelt sich in vielfältiger Weise die Rolle der Natur als nullter Sektor unserer Wirtschaft und Gesellschaft wider.

Die Wissenschaften haben lange Zeit die Grundidee, die Natur als Basis all unseres Wirtschaftens und Handelns anzuerkennen, links liegen gelassen. Natur-, Sozial- und Wirtschaftswissenschaften waren sauber getrennt, und die Natur galt vornehmlich als eine rein statische oder zumindest den Bedürfnissen anpassbare Randbedingung unserer Verwirklichung und unseres Wertesystems. Auf einem enger werdenden Planeten wird dies aber nun neu überdacht, natürliche Grenzen werden wahrgenommen und als eine erweiterte Basis des wirtschaftlichen Handelns erkannt. Die sogenannte ökologische Ökonomie, die erst in den 1980er-Jahren als Gegenentwurf zur klassischen Ökonomie entstand, setzt das menschliche Handeln und Wirtschaften in den Rahmen der natürlichen Ressourcen. Kernpunkt ist dabei die Frage, wie wir Menschen mit begrenzten, von uns wertgeschätzten Ressourcen so umgehen können, dass sie auch dauerhaft erhalten bleiben, mit dem Ziel, dass wir sie weiterhin nutzen können und die Natur, welche all dies schafft, auch erhalten bleibt.

Dieser kleine Dreisatz – Natur schützen, um zu erhalten, was wir aus ihr nutzen – ist vielleicht die komplexeste Formel, die die Wissenschaft zu verstehen und in Handlungswissen zu übersetzen hat. Denn die Gleichungen sind für jeden Fall neu und nicht immer sofort einleuchtend, und sie bergen zahlreiche Konflikte, zum Beispiel zwischen Aal und Wasserwirtschaft, zwischen Kormoran und Freizeitangler, zwischen Hochwasserschutz und Schifffahrtsstraße, zwischen Landwirt und Natur- und Artenschützer.

Gründe für Wertschätzung sind auch Gründe für ein Mehr und ein Weniger

Das Spannungsfeld zwischen dem Schutz der Natur einerseits und der Nutzung ihrer Leistungen für den Menschen andererseits wirkt sich auf alle Facetten der Biodiversität aus – auf Arten, Populationen, Ökosysteme und ihr Zusammenwirken. Es zeigt die Komplexität des menschlichen Umgangs mit der Natur. Der Bielefelder Umwelthistoriker Joachim Radkau bezeichnet diese schwierige Beziehung als eine „spannungsvolle Mischung destruktiver und schöpferischer Prozesse", denn der Mensch wägt auf den verschiedenen Skalen, meist aber in seinem direkten Umfeld, bei seinen Entscheidungen verschiedene Werte gegeneinander ab. Er ist schöpferisch tätig, um den Nutzen von Naturgütern auszuweiten und zu sichern. Ohne die Naturgüter könnten wir nicht überleben, sie bilden unsere Lebensgrundlage. Aber das Schöpferische äußert sich nicht allein konstruktiv, sondern auch in der Destruktion – entweder direkt, wenn es darum geht, Schädlinge oder gefährliche Tiere zu töten, oder indirekt, indem wir Flüsse mit Nährstoffen anreichern, die eigentlich nebenan auf einem Acker zum besseren Wachstum der Anbaufrüchte eingesetzt werden.

Die schöpferische Beziehung zur Biodiversität äußert sich aber genauso im bewussten Umgang mit unserer Umwelt, die wir über unsere direkten biologischen Bedürfnisse hinaus schätzen und deswegen erhalten wollen. Dies mag dem Genuss und der Entspannung dienen, geschaffen durch einen Garten und Park, oder zur Erhaltung der Natur aufgrund ihres Eigenwertes in Naturschutzgebieten und Nationalparks. Nicht zuletzt kann es auch in der schlichten Faszination für die Komplexität der Vielfalt begründet sein, die uns umgibt.

Wolfgang Haber, einer der führenden Ökologen Deutschlands der letzten Jahrzehnte, hat diese schwierige Beziehung des Menschen zur Natur sehr schön und treffend beschrieben: Er spricht vom Menschen als einem biologisch-geistigen Doppelwesen. Als biologisches Wesen gleichen unsere Eigenschaften, Antriebe und Verhaltensweisen denen höherer Säugetiere. Dieses biologische Wesen muss seine Grundbedürfnisse befriedigen. Jeder Einzelne von uns muss das, aber auch die Menschheit mit sieben Milliarden Individuen insgesamt. Als geistige Wesen haben wir zusätzlich unseren Intellekt, unser Wissen und unseren bewussten Umgang mit Gefühlen. Beide Teile dieses dualen Wesens führen, ökologisch betrachtet, zu einer Unausgewogenheit im Umgang mit der Umwelt, aber auch im Umgang mit anderen Menschen. Hinzu kommt die Herausforderung des Handelns in einer komplexen Gesellschaft, mit der hauptsächlich das geistige Wesen konfrontiert wird.

Werden hier die Anforderungen und Zwänge zu groß, etwa bei der Diskussion um Arbeitsplätze, Wirtschaftswachstum und EU-Rettungsschirm, so kann das den Blick auf die Naturnotwendigkeiten verstellen, wie der Umwelthistoriker Radkau konstatiert. Die Gesellschaft ist mit sich selbst beschäftigt, der Bezug zur Umwelt geht verloren, im Kleinen wie im Großen. Und gerade jetzt, in Zeiten der permanenten Wirtschafts- und Finanzkrise, ist dies im Großen zu beobachten. Alles konzentriert sich auf die Rettung des bestehenden Wirtschaftssystems, zu viel scheint davon abzuhängen: Arbeitsplätze, Einkommen und gesellschaftliche Sicherheit. Und doch haben einige Länder beschlossen, einen Schritt weiter zu denken: Wenn man schon in den Jahren 2009/2010 große Konjunkturprogramme aufsetzt, dann könnten diese doch „grün" sein, also vor allem nachhaltigere Wirtschaftszweige fördern. Beim Gipfel der Vereinten Nationen für Entwicklung und Umwelt in Rio de Janeiro im Jahr 2012, zwanzig Jahre nach dem ersten dort stattgefundenen Gipfel, der die Klimarahmenkonvention und das Übereinkommen zur Biologischen Vielfalt verabschiedet hatte, hätte man diese Idee einen entscheidenden Schritt voranbringen können. Nötig gewesen wäre eine ähnliche Kampagne auf globaler Ebene. Doch die Ergebnisse fielen eher bescheiden und unverbindlich aus. Die Politik ist derzeit nicht willens, die zusätzliche Komplexität einer dauerhafteren Wirtschaftsweise in die laufenden Diskussionen einzubringen. Auch in den Berichterstattungen zum Rio-Gipfel zeigten sich die wahren Prioritäten. Die Ergebnisse des Gipfels wurden erst gegen Ende der Nachrichten präsentiert, weit hinter den Diskussionen zu Griechenland und der Euro-Krise – und der Fußball-Europameisterschaft.

Dabei stellt unser duales Wesen auch eine faszinierende Herausforderung für uns dar – als Individuen und als Gesellschaft. Wie kann es uns gelingen, den biologischen, wie, den geistigen Teil mit Glück und Wohlergehen zu erfüllen – und das für viele Milliarden Menschen? Die genannten Faktoren zeigen: Das Zusammenspiel von ökologischen und ökonomischen Fragen ist komplex. Einzelne Aktivitäten scheinen häufig überhaupt nicht ins Gewicht zu fallen, doch in der Summe werden sie zur Belastung für die Natur. Und diese Belastung zeigt sich meist an ganz anderer Stelle, etwa bei verfrachteten Giftstoffen, oder sie wird globalisiert, z.B. beim Ausstoß von Treibhausgasen, wo andere Regionen der Erde stärker von den Folgen betroffen sind als die eigentlichen Verursacher. Während wir beim Thema Klimawandel das Gefühl haben, mitreden zu können – immerhin erleben wir das Wetter tagtäglich (auch wenn dies nichts über langfristige Klimatrends aussagt) –, können wir den Verlust an Arten und Ökosystemdienstleistungen nur schwer wahrnehmen. Die dauerhafte Verschmutzung unserer Flüsse durch ein Übermaß an Nährstoffen bleibt uns meist verborgen. Noch in den 1960er-Jahren war das anders (und auch wirklich abstoßend): Tote Fisch schwammen auf dem Wasser, und allein der Geruch eines Flusses zeigte, dass er biologisch tot sein musste. Heute sind die Effekte bei uns in Mitteleuropa versteckter und zeigen sich vielleicht einmal in toten Zonen im Wattenmeer oder in der Ostsee. Oder eben in verschmutzten Flüssen in anderen Teilen der Welt.

Wenn Sie in Ihrem Garten sitzen und vor Ihnen fällt ein Vogel tot vom Baum, können Sie nicht sagen, es sei vielleicht der Letzte seiner Art oder zumindest der Letzte seiner Art in Ihrer Region gewesen. Außerdem gibt es ja noch viele andere Vögel, und die Natur sieht weiterhin heil aus. Zumeist erkennt man Veränderungen in der Natur nur langfristig. Viele ältere im Naturschutz aktive Menschen erzählen zum Beispiel immer wieder von den blütenreichen Blumenwiesen und teilweise auch Äckern der

1950er- bis 1970er-Jahre, die durch die Intensivierung der Landwirtschaft verloren gingen. Ältere Jäger können noch von reichlich Hasen, Fasanen oder Rebhühnern auf den Feldern berichten, die man heute kaum mehr findet. Aber für die Wahrnehmung von solchen schleichenden Prozessen sind die Menschen kaum geschaffen, wir vergessen schnell, dass es auf einer Wiese früher mehr Kiebitze gab, wenn wir nicht tagtäglich damit zu tun haben. Und die Natur als Ganzes scheint intakt zu bleiben.

Und wir vergessen auch schnell die wirtschaftlichen Folgen, die solche Veränderungen mit sich führen können. Untersuchungen zur Elbeflut 2002, durchgeführt vom Helmholtz-Zentrum für Umweltforschung, zeigen etwa, dass direkt nach der Flut die Bereitschaft groß war, Häuser nicht mehr auf potenziellen Überflutungsflächen zu bauen und dem Fluss wieder mehr Raum zu geben. Eine Einstellung, die wenige Jahre später weitgehend verschwunden war. Nun nutzt man die Flächen wieder so, als gäbe es keine Hochwassergefahr mehr. Die wirtschaftliche Bedeutung von Naturflächen zur Vermeidung von immensen Schäden durch zukünftige, scheinbar zufällig stattfindende Extremereignisse wird gegenüber den kurzfristigen, aber regelmäßigen Interessen einer produktiven Ackerfläche hinter einem Deich oder einem Haus am Fluss vergessen.

Diese Wahrnehmung von Mehr und Weniger in der Natur liegt irgendwo zwischen unserem geistigen und biologischen Bezug zu dem, was uns erhält, der Biodiversität. Um dieses Mehr und Weniger als Bezugspunkt zur Reduktion der Komplexität, in der wir uns bewegen, soll es in den nächsten beiden Kapiteln gehen. Und wir beginnen mit dem vielleicht einzigen Vogel, von dem man in der Tat sehr genau weiß, wann der Letzte seiner Art tot vom Baum fiel.

„Wir sind bis jetzt noch nicht selbst eine bedrohte Art. Aber das liegt nicht daran, dass wir es nicht versucht hätten."

DOUGLAS ADAMS,
BRITISCHER SCIENCE-FICTION-AUTOR

3. Weniger-Werden – von Abermillionen Tauben, Fischen und jeder Menge Wald

Wenn wir vom Weniger-Werden in der Natur sprechen, denken wir zunächst an die vielen Arten, von denen wir immer wieder hören, dass ihre Bestände abnehmen oder ihnen gar das Aussterben droht. Äußerst beliebt bei Naturschützern ist in diesem Zusammenhang das Wörtchen „noch", das immer dann verwendet wird, wenn nur „noch" wenige Feldhamster in einem Acker leben oder nur „noch" wenige Tiger, Bären und Co. in einem beliebigen Winkel der Erde. Tiger, Bär, Löwe und Co. sind es auch, die dabei im Fokus stehen: große, meist flauschige Tiere mit großen Augen (Ausnahme Elefanten, Wale und Delfine), gut sichtbar – und selten. Das eigentliche Aussterben findet aber in viel kleinerem Maßstab statt: bei Amphibien, Reptilien und Vögeln – und auch bei Insekten und Pflanzen, die für die große Öffentlichkeit kaum mehr sichtbar sind. Und häufig sind diese ausgestorbenen Arten auch der Wissenschaft nicht oder kaum mehr bekannt; man weiß gerade einmal, dass es sie irgendwo gegeben haben muss, wie sie aber lebten, sich ernährten und vermehrten, weiß man nicht. Meistens ist es so, dass ihr ehemaliger Lebensraum durch Zerstörung verschwunden ist – und damit die Arten in ihm.

Aus den bekannteren Geschichten der Ausrottung von Arten kann man viel lernen – über die Eigenarten unserer Biologischen Vielfalt, aber auch über die vielen Zwangsbeziehungen, die sich zwischen dem Menschen und manchmal auch einzelnen Arten entwickeln. Ähnliches gilt für die Dienstleistungen der Natur, sie werden lange genutzt, aber erst richtig wertgeschätzt, wenn sie plötzlich verschwunden sind.

Aber kommen wir zunächst einmal zur Taube.

Es war die Taube, die ausstarb, und nicht die Lerche

Wer hat sich nicht schon einmal über Tauben geärgert. In manchen Städten waren oder sind sie die reinste Plage. Doch heutzutage hat man die Populationen durch verschiedene Maßnahmen relativ gut im Griff, etwa durch Verhütungsmittel in ausgestreutem Futter. Doch das Verhältnis zwischen Taube und Mensch kann auch ganz anders aussehen: Schon lange befinden sich Tauben in menschlicher Obhut, in der Vergangenheit dienten sie aufgrund ihres exzellenten Orientierungssinnes als Brieftauben. So gelangte die Nachricht des Sieges über Napoleon bei der Schlacht von Waterloo im Juni 1815 zunächst per Brieftaube nach Großbritannien. Und bis heute lebt diese Tradition in der Taubenzucht und entsprechenden Wettbewerben fort. Unsere Haustaube und die daraus verwilderten Stadttauben stammen von der im südeuropäischen und arabischen Raum heimischen Felsentaube *(Columba livia)* ab. Sie sind mittlerweile auf der ganzen Welt eingeführt. Damit ist diese Taubenart dank des Menschen eine der erfolgreichsten Vogelarten auf der Welt – sie hat es sich mit uns eingerichtet und bevölkert unsere Städte. Aber es soll hier nicht um das Mehr-Werden, sondern um das Weniger-Werden gehen.

Denn eigentlich war die Felsentaube bei Weitem nicht die häufigste Taubenart auf der Welt. Sie konnte sich nur hervorragend dem Menschen anpassen. Anders sah das bei einem Vogel aus, der bis ins 19. Jahrhundert hinein zu den häufigsten der Welt zählte: die Wandertaube Nordamerikas *(Ectopistes migratorius)*. Man schätzte ihren damaligen Bestand auf drei bis fünf Milliarden. Und bis heute ist nicht ganz klar, warum ein so zahlreich vorhandenes Tier innerhalb von 120 Jahren komplett aussterben konnte – die letzte Wandertaube starb am 1. September 1914 im Zoo von Cincinnati. Gegen Mittag fiel sie von ihrer Sitzstange, und damit war die Wandertaube nicht mehr. Sie ist damit eine der wenigen Arten, deren Aussterben man auf Stunden genau festlegen kann.

Aber auch wenn die Gründe für das Aussterben der Wandertaube nicht ganz klar sind, zeigen sich doch grundlegende Elemente des Verhältnisses zwischen Mensch und Natur als wichtige Faktoren: Zunächst einmal war die Taube ein wichtiges Nahrungsmittel in den wachsenden Städten der Vereinigten Staaten des 19. Jahrhunderts. Die Verfügbarkeit war groß: Millionen von Tieren zogen durch den Ostteil des Kontinents, Beschreibungen von damals sprechen von Schwärmen, die den Himmel verdunkelten und „die Luft mit Tauben erfüllten", oft über viele Stunden hinweg. In Brehms Tierleben findet sich etwa das folgende Zitat des Naturforschers Alexander Wilson: „Auf meinem Wege nach Frankfort durchstrich ich die Wälder, über denen ich in den Morgenstunden viele Tauben hatte nach Osten fliegen sehen. Gegen ein Uhr mittags begannen sie zurückzukehren und zwar in solch ungeheuren Scharen, daß ich mich nicht erinnern konnte, zuvor soviele auf einmal gesehen zu haben. Eine Lichtung in der Nähe der Bersoebucht gewährte mir freie Aussicht und hier versetze mich das, was ich sah, vollends in Erstaunen. Die Tauben flogen mit großer Stetigkeit und Schnelligkeit ungefähr in der Höhe eines Büchsenschusses über mir, mehrere Schichten dick und so eng neben einander, daß, wenn ein Flintenschuß sie hätte erreichen können, eine einzige Ladung mehrere von ihnen gefällt haben würde. Von der Rechten zur Linken, so weit das Auge reichte, erstreckte sich dieser unermeßliche Zug in Breite und Länge, und überall schien er gleich gedrängt und gleich dicht zu sein. Neugierig, zu erfahren, wie lange das Schauspiel währen würde, zog ich meine Uhr, um die Zeit zu bestimmen, und setzte mich nieder, um die vorüberziehenden Taubenscharen zu beobachten. Es war ein Viertel nach ein Uhr, und ich saß von nun an mehr als eine Stunde, aber statt daß ich eine Verminderung des Zuges wahrnehmen konnte, schien er zu wachsen an Anzahl und zuzunehmen an Schnelligkeit, und ich mußte endlich, um Frankfort noch zu erreichen, meinen Weg fortsetzen."

Jäger hatten also leichtes Spiel, Berichte von Jagdwettbewerben sprechen von Zehntausenden erlegter Tauben an einem Tag.

Doch nicht nur ihre Rolle als Nahrungsressource wurde den Tauben zum Verhängnis, ihre große Zahl machte sie auch zu Schädlingen, da sie enorme Massen von Samen und damit Getreide fraßen. Zu ihrem Aussterben trug außerdem die Vernichtung ihres Lebensraums bei: Zur Brut sind die Wandertauben auf große, intakte Laubwälder angewiesen, wie es sie im Osten Nordamerikas lange gab. Die Rodung dieser Wälder führte zu einem Verlust der Lebensgrundlage, inklusive der zentralen Nahrung, der Nussfrüchte der Laubbäume. Kolonien der Tauben konnten bis zu mehrere tausend Hektar umfassen. Vermutlich war die Taube auf die großen Populationen angewiesen, auch um potenzielle Feinde während der Brut durch die schiere Masse zu „sättigen". Wurden die Populationen kleiner, war die Taube anfälliger, denn der Nachwuchs betrug nur ein bis zwei Nestlinge pro Paar. Zudem profitierte der Mensch von diesem Verhalten der Tiere, da eine „Ernte" in den Nistkolonien leichtfiel. Von einer der letzten großen Nistgebiete in Petoskey, Michigan, ist bekannt, dass dort im Jahre 1878 täglich 50 000 Vögel getötet wurden, und das nahezu über fünf Monate hinweg. Wenn die überlebenden Tiere versuchten, an einer andere Stelle zu nisten, wurden sie schnell von professionellen Jägern entdeckt und getötet, bevor sie brüten konnten. Gesetze in Michigan, die die Tötung in der Umgebung der Nistplätze verboten, kamen zu spät und wurden auch kaum umgesetzt.

Die Wandertaube ist damit ein herausragendes Beispiel für eine manchmal sehr kurze Beziehung zwischen Mensch und Natur: Zur Nutzung als Nahrungsressource kommt die Übernutzung des Lebensraums hinzu. So wird die Nische zerstört, in der sich eine Art eingerichtet hat. Wie sich dies konkret im Gesamtsystem der Natur vor Ort auswirkte, ist rückblickend schwer zu sagen. Sicherlich waren die Tauben mit ihrer großen Biomasse auch eine wichtige Nahrungsgrundlage für Räuber in der Luft und am Boden. Diese Ressource ging Ende des 19. Jahrhunderts verloren.

Ein ähnliches Schicksal hätte auch europäische Vögel ereilen können. Denn auch in Europa wurden zahlreiche Vögel, die in größeren Beständen vorkommen, seit jeher als Ressource genutzt, und der zunehmende Nahrungsmittelbedarf der Städte führte dazu, dass die Jagd professionalisiert wurde, insbesondere in Regionen, wo sich Arten in größerer Anzahl auf ihren Frühjahrs- oder Herbstzügen sammelten. So waren die Feldlerchen *(Aluada arvensis)* aus Leipzig im 18. und 19. Jahrhundert eine bekannte Delikatesse, die nicht etwa nur regional genutzt, sondern sogar exportiert wurde. Auf ihrem Weg in den Süden fanden sich die Lerchen in großen Mengen in den umgebenden Auwäldern ein, wo sie, ebenfalls in großen Mengen, gefangen wurden. Aus dem Jahr 1720 ist verbrieft, dass 400000 Lerchen an den Stadttoren verkauft wurden. Im 19. Jahrhundert wuchs die Kritik an dieser intensiven Nutzung, und so erließ König Albert I. im Jahr 1876 ein Lerchenfangverbot – eines der ersten Naturschutzgesetze in Deutschland.

Dies hatte Folgen für die Wirtschaft: Lange hatten die Leipziger Bäcker davon profitiert, dass sie Lerchenpasteten in großer Zahl herstellen konnten. Um das zu kompensieren, erfand ein findiger Leipziger Bäcker, so wird kolportiert, die heutige Leipziger Lerche – ein Mürbteiggebäck mit Marmelade und Marzipanfüllung. Auch wenn das wahrscheinlich kein gleichwertiger Ersatz für den Verzehr der Vögel war, zeigt es doch eine typische Eigenschaft des Verhältnisses zwischen Mensch und Natur: Viele übernutzte Ressourcen werden durch andere Produkte, die eine geringere Wirkung auf die Natur haben, ersetzt, da die ursprüngliche Ressource verlorengegangen ist. Häufig wird dabei die Jagd auf ein Tier durch die Jagd auf ein anderes ersetzt, aber der Einfall des Leipziger Bäckers war sicher nachhaltiger.

Die Feldlerche ist in der ganzen nördlichen Hemisphäre verbreitet, sie gehört auch in Europa zu einer der häufigsten Brutvogelarten. 2008 wurde der Bestand in Deutschland auf 2,1 bis 3,2 Millionen Brutpaare geschätzt. War es früher die direkte Verfolgung wie in Leipzig, so stellt heute der schwindende Lebensraum das größte Problem für die Lerchen dar. Die Lerche nistet in offenem Gelände auf dem Boden, zumeist in Agrarflächen. Durch die intensive landwirtschaftliche Nutzung werden solche Flächen aber immer weniger, zudem zerstört die Bewirtschaftung zahlreiche Nester. So haben in den letzten zwanzig Jahren die Bestände der Lerche etwa um zwanzig Prozent abgenommen. Damit ist die Lerche zwar der Ausrottung aufgrund einer direkten Verfolgung durch den Menschen entgangen, die Belastungen, verursacht durch Lebensraumverlust und Nahrungsarmut aufgrund fehlender Lebensräume für Insekten und des Einsatzes von Insektiziden, stellen ein wachsendes Problem dar. Arten wie die Feldlerche und viele andere Vogelarten sind damit sehr gute Anzeiger, sogenannte Indikatoren, für diesen kontinuierlichen Wandel in unserer Landschaft und den Verlust an Lebensfacetten in ihr. Was einmal komplett weg ist, ist weg, wie die Wandertaube, die spektakulär schnell von der Bildfläche verschwand. Bei schleichenden Prozessen aber ist das Bild vielschichtiger – so wie bei einem anderen Indikator dieses Wandels, der Honigbiene.

Niedergang von Hütern und Gehüteten: die globalisierte Honigbiene

Nur wenige Organismen haben den Menschen über Jahrtausende hinweg so fasziniert wie die Bienen. 15 000 Jahre alte Felszeichnungen zeigen bereits Honigbienen, und es liegt nahe, dass schon damals die Plünderung eines Honigstocks zum Repertoire der Jäger- und Sammlerkultur gehörte. Honig war pure Energie. Bereits für ca. 2400 v. Chr. ist die Domestizierung der Honigbiene in Ägypten verbrieft, in China lässt sich das für ca. 1000 v. Chr. nachweisen. Die Honigbiene wurde aber nicht nur wegen ihrer wichtigen natürlichen Ressourcen Honig und Wachs verehrt, sondern auch aufgrund ihrer komplexen Sozialstruktur. Bis heute fragen sich Forscherinnen und Forscher, wie der Verband von Tausenden von Bienen, geführt von einer einzigen Königin, mit verschiedenen Gruppen mit verschiedenen Aufgaben im Stock, genau funktioniert. Vieles weiß man, einiges ist noch immer ungeklärt.

Lange Zeit, bis ins 19. Jahrhundert hinein, war Honig die Hauptquelle von Zucker und wurde von europäischen Siedlern in alle Weltgegenden exportiert, sodass die europäische Honigbiene bald schon auf vielen Kontinenten angesiedelt war. Auch in China, wo bereits mit der dort einheimischen Bienenart gearbeitet wurde, gewann die europäische Honigbiene im Laufe des 20. Jahrhunderts die Oberhand – sie war viel produktiver und machte weniger Arbeit. Parallel war ihre Dominanz an anderer Stelle auch wieder gefährdet. Eine afrikanische Hybrid-Biene gelangte in den 1950er-Jahren nach Brasilien; man hoffte, sie werde sich im tropischen Klima besser behaupten. Diese Bienenart ist deutlich aggressiver als die europäische Verwandtschaft und verdrängt sie zunehmend auf dem amerikanischen Kontinent. Inzwischen hat sie sogar schon Teile der USA erobert. Dabei kommt es auch immer wieder zu Einkreuzungen von wilden, „afrikanisierten" Bienen mit den europäischen Zuchtbienen. Und auch wenn wir heute den Honig nicht mehr zum Süßen von Speisen und das Wachs nicht mehr für Kerzen und andere Produkte zwingend benötigen, sind die Honigbienen weiterhin allgegenwärtig. Mit ihrer Bestäubungsleistung stellen sie den unmittelbarsten Bezug her zwischen einer Artengruppe bzw. der einzelnen Art Honigbiene und einem ganz zentralen Service für den Menschen – der Bestäubung zahlreicher Feldfrüchte. Allein in Europa wird geschätzt, dass 150 Feldfrüchte (84 Prozent aller Hauptanbauarten) von Bestäubern abhängig sind – entweder vollständig oder dahingehend, dass Ertrag und Qualität der Früchte durch die Bestäubung deutlich gesteigert werden. Eine weltweite Studie hat ergeben, dass der Wert der durch Bestäubung erzeugten Agrarprodukte bei 153 Milliarden Euro liegt. Neuere Berechnungen von Wissenschaftlern des Helmholtz-Zentrums für Umweltforschung gehen sogar von Werten bis zu 270 Milliarden Euro aus. Entsprechend ist die Bestäubung von stark hiervon abhängigen Arten, zum Beispiel von Mandeln, Äpfeln, Blaubeeren und anderen Früchten, in vielen Regionen der Welt bereits ein wichtiges Geschäft für die Imker – weit wichtiger als der Honigertrag. In den USA wird das Gewerbe mit der Biene im großen Maßstab betrieben. Dort fahren Sattelschlepper mit Hunderten von Bienenvölkern quer über den Kontinent, um mal hier die Mandeln, mal dort die Kürbisse zu bestäuben – ein großes Geschäft. Allerdings kommt dieses Geschäft nicht allen Imkern zugute. In Europa, wo Imkerei zwar auch professionell, aber doch eher regional betrieben wird, ist die Zahl der Imker, vor allem von Eigenversorgern und Kleinbetrieben, in den letzten Jahrzehnten stark zurückgegangen. So sank die Zahl der Imker von 1965 bis 2005 in Mitteleuropa um ca. 58 Prozent, allein seit 1985 um mehr als 36 Prozent. Ebenso ging die Zahl der Kolonien um etwa 26 Prozent zurück. Zugleich ist die Honigproduktion weiter gestiegen, was auf ein intensiveres Management der bestehenden Bienenvölker hindeutet.

Parallel zum Rückgang der Honigbienen gibt es auch immer weniger wilde Bestäuber wie Wildbienen, Hummeln und Schwebfliegen. Doch der Ansatz, auf die Honigbiene als Hauptanbieter der Dienstleistung Bestäubung zu setzen, ist sehr riskant. Wie jeder Aktienhändler weiß, sollte man seine Investments auf mehrere Anlagearten verteilen, um das Risiko zu streuen. Die Ökologie spricht hier von der Versicherungshypothese: Mehrere Arten in einem Ökosystem, die eine bestimmte Funktion erfüllen, sind sicherer für den Fall, dass einmal eine ausfällt. Fällt die Honigbiene also aus, haben Agrarbetriebe, die auf Bestäubung angewiesen sind, ein Problem. Und genau das ist in den letzten zehn bis fünfzehn Jahren zunehmend der Fall, denn der weltweite Austausch von Honigbienen führt eine wenig willkommene Folge nach sich: Die Probleme reisen mit. Von der afrikanischen Biene in Amerika war schon die Rede, ein zweites weltweites Problem wurde in den 1970er-Jahren von asiatischen Honigbienen eingeschleppt: die Varroa-Milbe. Dieser Parasit siedelt sich auf den Bienen und ihrer Brut an und saugt an ihnen. Ferner gilt die Milbe als Überträger von Viren. Während die asiatischen Bienen gelernt haben, die Milbe zu erkennen und zu bekämpfen, kann die europäische Biene das nicht, sodass es häufig zur massiven Ausbreitung der Milben und dem Absterben ganzer Kolonien kommt. Seitdem sucht man nach Bekämpfungsmethoden, die alle mehr oder weniger gut funktionieren, aber im Falle des Einsatzes chemischer Milbenbekämpfungsmittel wieder andere Nachteile nach sich ziehen.

In den letzten Jahren sind dann noch viele weitere Faktoren hinzugekommen, sodass es zunächst in den USA und dann auch in Europa und anderen Erdteilen zu massiven Verlusten an Bienenvölkern kam. Die genauen Gründe sind noch unklar: Womöglich spielen die Varroa-Milbe und die Übertragung von Krankheiten durch sie eine Rolle, ebenso der weiterhin hohe Einsatz von Pflanzenschutzmitteln, vor allem der Neonekotinoide, einer neuen Sorte von Mitteln, deren genauen Wirkungen bisher noch nicht geklärt sind. Man vermutet aber, dass sie schon in geringen Dosen zwar nicht tödlich wirken, aber das Orientierungsvermögen der Bienen beeinträchtigen.

In den USA macht das Phänomen seit einigen Jahren als „Völkerkollaps" (CCD, englisch für Colony Collapse Disorder) Schlagzeilen. Dort versucht man mit intensiven Forschungsarbeiten herauszufinden, was der Grund für das massive Schwinden der Völker ist. Mehr und mehr zeichnet sich ab, dass es nicht einen alleinigen Grund für die Verluste gibt, sondern dass die intensive Nutzung der Völker mit weiten Umzügen von einem Arbeitsort zum anderen über viele Monate hinweg, die Varroa-Milbe und die von ihr übertragenen Krankheiten, eine neue Viruserkrankung und der Einsatz von Pestiziden gemeinsam für die Schäden verantwortlich sind. Im Jahr 2012 wurde ferner ein neuer Parasit entdeckt, eine Fliege mit dem Namen Apocephalus borealis. Auch der Klimawandel könnte ein Faktor sein: Wenn in großen Regionen Dürreperioden auftreten, finden die Bienen nur wenig Nahrung und sind als Kolonie geschwächt.

In Europa scheinen dagegen mehr die Einzelfaktoren zu überwiegen, vor allem die Varroa-Milbe. Allerdings kam es sowohl hierzulande als auch in Frankreich regional zu starken Verlusten, nachdem Neonekotonoide vermutlich unsachgemäß eingesetzt worden waren. In Baden-Württemberg kam es etwa 2008 zu einem massiven Verlust an Bienen. Dort wurde das Neonekotinoid Clothianidin verantwortlich gemacht. Das Mittel wird durch Beizung, das heißt durch Besprühen der Mais-Saatkörner, ausgebracht. Es wird dann von den wachsenden Pflanzen aufgenommen, um Fraßfeinde zu töten und ihre Vermehrung zu verhindern. Im betroffenen Gebiet war der Westliche Maiswurzelbohrer aufgetreten, einer der größten Maisschädlinge, der sofort durch Quarantänemaßnahmen bekämpft werden muss. Hierzu brachte man im weiten Umkreis Saatgut mit einer deutlich erhöhten Konzentration von Clothianidin als üblich aus, was wohl dazu führte, dass sich das Mittel in der Umwelt verteilte und die Bienen und andere Insekten massiv schädigte. Um wieder auf das Bild des Aktienhändlers zurückzukommen: Ein hoch spezialisierter Investor in Mais muss sein Investment in einer einzigen Anlageart durch massive Zusatzmittel, wiederum in ein einzelnes Produkt, das Pestizid, schützen. Dieses wiederum schädigte mit der Honigbiene das einzige Produkt eines anderen Investors, des Imkers, immens. Ein durchdachtes Portfoliomanagement auf Basis der Vielfalt der Natur sähe wohl anders aus.

Kriege um Natur als Ressource – von Fischen und ihren Lebensräumen

Auch an anderer Stelle sind die Investitionen in die Nutzung von Naturressourcen zumeist eindimensional ausgerichtet. Konflikte um diese Ressourcen sind häufig die Konsequenz, Konflikte, die sich bis hin zu Kriegen verschärfen können. Wussten Sie, dass sich Deutschland bereits zwischen den 1950er- und 1970er-Jahren mehrfach im „Krieg" um knapper werdende Ressourcen befand? Und zwar mit Island?

Zwischen 1958 und 1977 gab es zwischen Island und mehreren europäischen Staaten, vor allem Großbritannien, aber eben auch Deutschland, die sogenannten Kabeljau-Kriege. Neben der nordamerikanischen Küste verfügte Island über die reichsten Kabeljau-Bestände im Atlantik. Und europäische Fischtrawler kamen, nachdem sie nach dem Zweiten Weltkrieg die Nordsee, wo sich die Fischbestände während des Krieges stark erholt hatten, schon wieder recht leer gefischt hatten, zunehmend vor die isländische Küste, um sich am Allgemeingut Fisch im Meer zu bedienen. Da Islands Wirtschaft in hohem Maße vom Fischexport abhängig war, beschloss die Regierung, die Zone an der

Küste, die man zum Hoheitsgebiet des Landes rechnete, zu erweitern. Von drei Seemeilen auf zwölf, dann auf fünfzig und schließlich, im Jahr 1977, auf 200 Seemeilen. Andere Länder taten Ähnliches. Vor allem Großbritannien wollte dies nicht akzeptieren und ließ seine Fischtrawler von Marineschiffen eskortieren. Die isländische Küstenwache besaß nur eine Handvoll Schiffe, um ihre Gewässer wirklich verteidigen und Fischtrawler kontrollieren zu können. Doch die Küstenwache entwickelte ein einfaches Mittel: die Netzsäge. Im zweiten Kabeljau-Krieg Anfang der 1970er-Jahre wurden damit die Netze von 84 Trawlern zerstört, indem das Boot mit der Säge unter Wasser einfach hinter dem Trawler kreuzte und dessen Netz kappte. Und ohne Netz mussten die Schiffe zurück nach Großbritannien und Deutschland fahren, denn sie konnten stets nur ein großes Schleppnetz mitnehmen. Nachdem die Effektivität der Säge deutlich geworden war, verlegte man sich auf das gegenseitige Rammen der Boote. Zum Glück kam nie jemand wirklich zu Schaden.

Die Kabeljau-Kriege waren ein Auslöser dafür, dass man sich im Jahr 1982 auf globaler Ebene auf die internationale Seerechtskonvention einigte, die die 200-Meilen-Zone als „ausschließliche Wirtschaftszone" für die Anrainerstaaten festschrieb – eines der ersten globalen Beispiele, wie knappe Naturressourcen zu einer weltweiten Einigung über Eigentumsrechte führten.

Nur leider hat das kaum dazu beigetragen, die Fischbestände der Küstenregionen besser zu bewirtschaften. Den Isländern gelingt das zwar recht gut, die EU zeigt aber Jahr für Jahr, das sie eben dies nicht schafft. Nach offiziellen Zahlen der Europäischen Union gelten 63 Prozent der Fischbestände im Nordatlantik – einschließlich vor Nordamerika und Island sowie die Nordsee – als überfischt. Im Mittelmeer sind es sogar 82 Prozent. Weltweit gilt ein Drittel aller Bestände als zusammengebrochen, was heißt, dass heute gerade einmal zehn Prozent dessen gefischt werden kann, was in guten Zeiten möglich war.

Stattdessen kauft sich die EU die Rechte für ihre Fangflotten: So hat sich die EU in ca. zwanzig afrikanischen Staaten den Zugang zu den Fischgründen für über 600 Jahre vertraglich gesichert, also für ca. dreißig Jahre pro Land. Darunter leiden häufig die Fischer vor Ort, denen immer weniger ins Netz geht. Womit auch die Versorgung der örtlichen, küstennahen Bevölkerung in Entwicklungsländern mit preisgünstigem Protein aus der Fischerei von 1985 bis Ende der 1990er-Jahre von 9,4 auf 9,2 Kilogramm pro Person und Jahr zurückgegangen ist. Die Preise stiegen stärker als jene für die allgemeine Lebenshaltung. In Europa wächst dagegen weiterhin der Fischkonsum – in Deutschland von ca. elf Kilogramm Fisch pro Person und Jahr in den 1990er-Jahren auf 15,5 Kilogramm im Jahr 2010.

Dieses Ausweichen auf neue oder zumindest weniger überfischte Bestände zeigt viele Facetten. Zum einen hat die technische Entwicklung dazu geführt, dass immer effizienter gefischt werden kann. Boote und Netze wurden stetig größer. So ist die Anzahl der Fischereischiffe auf den Weltmeeren mit ca. einer Million seit Anfang der 1990er-Jahre in etwa konstant geblieben, ihre Kapazität zu fischen hat aber um über siebzig Prozent zugenommen. Die Ausbeute, bezogen auf diese Kapazität, sinkt allerdings stetig. Man könnte auch sagen, man schießt mit immer größeren Kanonen auf immer weniger Spatzen – oder eben Fische.

Somit gibt es fast keinen Flecken auf den Weltmeeren mehr, der nicht intensiv befischt wird, auch Arktis und Antarktis sind zunehmend betroffen – ebenso wie die dritte Dimension, die Tiefsee. So hat die durchschnittliche Tiefe der Fänge von ca. 170 Metern in den 1970er-Jahren auf über 250 Meter heutzutage zugelegt. Neue Fischarten auf unseren Tellern wie der Granatbarsch oder schon länger der Rotbarsch sind nicht nur ein Indikator für einen gewissen Luxus, sondern auch dafür, dass diese Tiefseearten neu für den Markt „entdeckt“ wurden, weil andere Bestände mehr und mehr erschöpft sind. Tiefseefischarten wie

Granat- und Rotbarsch aber regenerieren sich viel langsamer, oft sind die Fische, die bei uns auf dem Teller landen, zwanzig Jahre alt und älter. Der Granatbarsch aber braucht etwa dreißig Jahre, um geschlechtsreif zu werden, und kann bis zu 120 Jahre alt werden. Sind solche Bestände einmal befischt, erholen sie sich selbst nach Jahrzehnten nicht. Besonders schädlich sind aber vor allem die Fangmethoden: Grundschleppnetze zerstören großflächig Ökosysteme, u.a. Tiefseekorallen, die Jahrzehnte bis Jahrhunderte brauchen, um sich zu regenerieren. Dabei macht diese Tiefseefischerei, trotz allen Drucks, gerade einmal ein Prozent des weltweiten Fischfangs aus, sie richtet aber immensen Schaden an. Möglich ist diese enorm aufwändige Fischerei nur, weil Subventionen dies garantieren. Bis zu 25 Prozent der Einnahmen in der Fischerei stammen aus Staatsmitteln.

So wird die Fischerei insgesamt mit ca. 15 bis 35 Milliarden US-Dollar pro Jahr subventioniert. Exakte Zahlen sind schwierig zu ermitteln, da nicht immer leicht zu sagen ist, ob etwa ein Hafenausbau eine direkte Subvention für die Fischerei darstellt oder auch dem anderen Schiffsverkehr zugutekommt. Doch wie dem auch sei, bei einem geschätzten Umsatz von 100 Milliarden US-Dollar pro Jahr durch die weltweite Fischerei machen die Subventionen einen gewaltigen Anteil aus, den man eigentlich von den Gewinnen abziehen müsste. Ferner hat die Weltbank berechnet, dass die Überfischung auch ökonomisch keinerlei Sinn ergibt: Wären die Fischbestände intakt und man würde sie nachhaltig befischen, statt in andere Meeresbereiche (und in die Tiefe) auszuweichen, könnte man den Umsatz um ca. fünfzig Milliarden US-Dollar, also um fünfzig Prozent, steigern – und damit deutlich mehr erwirtschaften, als an Subventionen ausgegeben wird.

Alles in allem ist das Bild weiterhin düster: Würde man den Trend der letzten Jahrzehnte in die Zukunft hinein fortschreiben, könnten in dreißig bis vierzig Jahren alle Fischbestände zusammengebrochen sein, wie 2006 ein Team um den Meeresforscher

Boris Worm ermittelte. Allerdings gibt es auch zahlreiche Ansatzpunkte, diesem Trend entgegenzuwirken. Sowohl technische Maßnahmen, die etwa den Beifang reduzieren, als auch die Ausweisung von Schutzgebieten zur Regeneration von Beständen oder die Einführung handelbarer Befischungsmengen, bei denen die Fischer untereinander die Rechte zum Fischen handeln, sind Möglichkeiten, die selbst von der EU-Kommission mittlerweile für die europäische Fischereipolitik vorgeschlagen werden. Allerdings lehnen einige Mitgliedsstaaten mit einer starken Fischerei solche neuen Maßnahmen immer noch ab und beharren auf dem alten Verständnis von Kontrolle einerseits und Subventionierung andererseits.

Die Fischerei ist damit ein negativ faszinierendes Beispiel, wie eine gigantische Ressource der Natur für den Menschen über Jahrhunderte hinweg und aus verschiedenen Gründen immer weiter ausgebeutet wird. Ist eine Ressource, ein Fischbestand, ausgebeutet, zieht man weiter oder entwickelt neue Techniken, den geringeren Bestand noch weiter auszubeuten. Dabei werden die technische Aufrüstung und der höhere Energieaufwand, etwa für die weiteren Strecken oder die größeren Netze, weiterhin subventioniert, da die Erhaltung der Institution Fischerei und seine Bedeutung für einzelne Regionen in Europa, Nordamerika und Asien als der übergeordnete Zweck gelten, nicht aber die Gewinnung von gesunden Lebensmitteln auf nachhaltige Weise.

Auch weg: Der Ursprungspinguin und sein Ende zwischen Nahrungsressource und Sammlerglück

Pinguine leben im Süden, Eisbären im Norden. Treffen werden sie sich nie. Das zumindest lernen wir als Kinder. Bis zum Jahr 1844 aber haben sich der Eisbär und der Pinguin, oder besser sein nördliches Pendant, durchaus treffen können.

Bei der globalen Betrachtung der Biodiversität fällt immer wieder eine Entwicklung auf, die Ökologen und Evolutionsbiologen seit Langem beschäftigt, die sogenannte konvergente Evolution. Diese trägt dem Phänomen Rechnung, dass sich unter ähnlichen ökologischen Bedingungen bei Pflanzen und Tieren unabhängig voneinander ähnliche Eigenschaften und Funktionen entwickeln. So haben sowohl Vögel als auch Säugetiere und früher schon Flugsaurier unabhängig voneinander die Fähigkeit zu fliegen entwickelt. Andere Säugetiere wie Delphine, Wale und Seekühe passten sich dem Wasserleben wieder an und veränderten ihre Extremitäten hin zu etwas Flossenähnlichem. Und so wurde auch die Nische, die Pinguine in südlichen Gewässern heute ausfüllen, früher durch einen Vogel ausgefüllt, der aber nicht näher mit dem Pinguin verwandt ist, sondern mit anderen noch flugfähigen Vogelarten wie dem Tordalk oder der Trottellumme, auch Arten, die an den Küsten leben und auf den Fischfang spezialisiert sind. Der Riesenalk war mit bis zu 85 Zentimetern Größe ein beeindruckendes Tier und lebte vermutlich noch vor mehreren tausend Jahren im gesamten Nordatlantik. Er war flugunfähig, da seine Flügel zum Tauchen und Schwimmen umgebildet waren, ähnlich wie beim Pinguin. Er verbrachte den Großteil des Jahres auf dem freien Ozean und kam nur zum Eierlegen und zur Aufzucht von jeweils einem Jungen pro Jahr an Land, zumeist an entlegenen Fels- und Vulkaninseln. Es wird vermutet, dass er ursprünglich auch an Festlandsküsten gebrütet hat, dort aber schon in der Steinzeit vom Menschen gejagt und verdrängt wurde.

Der erste wissenschaftliche Name, der ihm gegeben wurde, lange bevor die Pinguine der südlichen Halbkugel in Europa bekannt waren, war *Pinguinus impennis*. Der Riesenalk kann also als der Ursprungspinguin gelten. Erst später wurde er in *Alca impennis* umbenannt, und der Name Pinguinus ging an sein südliches Pendant.

Mit seiner Ausrottung durch den die Welt erobernden Europäer ist der Riesenalk eines der herausstechenden Beispiele dafür, wie verschiedene Nutzungsinteressen eine Art, wir erinnern uns an die Wandertaube, in den Abgrund treiben können. In Mitteleuropa war er unbekannt, die größten Bestände des Alks gab es auf den Inseln vor der kanadischen Ostküste. Die Brutzeit lag im Frühsommer, exakt in der Zeit also, da Ende des 15. und Anfang des 16. Jahrhunderts die Schiffe aus Europa nach Nordamerika kamen, um das Land zu besiedeln und die Fischgründe auszubeuten. Nach der wochenlangen Überfahrt waren die Seeleute ausgehungert. Auf den Vogelinseln an Land zu gehen und ohne Probleme die großen und nur langsam flüchtenden Alke zu erschlagen und somit Frischfleisch zu bekommen war ihnen sehr willkommen. Die ersten Siedler verlegten sich darauf, die Alke mehr wegen ihrer Eier und ihrer Daunenfedern zu jagen. Sie wurden teilweise vor Ort direkt in kochendem Wasser, das von den fettreichen Knochen ihrer Artgenossen befeuert wurde, abgebrüht, um die Federn leichter rupfen zu können. Durch diesen starken Nutzungsdruck, in dem Jahr für Jahr Tausende von Riesenalken getötet wurden, wurde die Art in Kanada schnell rar. Versuche, den Nutzungsdruck zu reduzieren, etwa durch ein Jagdverbot im Jahr 1786, schlugen fehl, um 1800 galt der Riesenalk in Kanada als ausgestorben.

Damit war auch der typischen Übernutzung einer Naturressource für den Menschen – zunächst als Nahrung, später vornehmlich zur Gewinnung von Federn und Eiern – ein Ende gesetzt, denn die übrig gebliebenen Riesenalke brüteten nur noch auf wenigen kleinen Inseln vor Island, wo ihre Zahl, aber auch der Nutzungsdruck geringer war. Allerdings kam nun ein neuer Druck hinzu: Die industrielle Entwicklung und das sich ausbreitende Weltreich Großbritanniens führten zu einem breiten Wohlstand und auch dem zunehmenden Zugang zu Exotischem. Das Sammeln etwa von exotischen Pflanzen wie Orchideen, aber auch von Vogelbälgen und Eiern bildete ein immer beliebteres Hobby nicht nur der Aristokratie. Und bei Sammlern erzielt das hohe Preise, was selten ist. Unter Naturkundlern wie Natursammlern – in dieser Zeit waren dies oft Forscher in Personalunion – entstand ein großes Interesse an weiteren Sammlerobjekten, auch am großen und seltenen Riesenalk. Die Eier des Riesenalks waren dabei besonders attraktiv. Zum einen sind sie mit ca. 12,5 Zentimetern Länge und 7,5 Zentimetern Breite relativ groß, und sie waren auf einer Seite untypisch zugespitzt, um ihr Wegrollen in den wenig ausgeprägten Nestern auf Felsen zu verhindert. Zudem war jedes Ei individuell und ungewöhnlich schwarz oder grau gesprenkelt – ein ideales Sammlerobjekt.

Zunächst aber war der letzte größere Bestand des Vogels noch sicher, denn der Nistplatz lag auf einer abgelegenen Vulkaninsel, dem Geirfuglasker, der kaum zu erreichen war und auch in der isländischen Sagenlandschaft ein verwunschener Ort war, den man besser mied. 1830 allerdings geschah das, wodurch einzelne Populationen seltener Arten auch gefährdet sind – eine Naturkatastrophe am falschen Ort. Durch den Ausbruch des Vulkans verschwand die Insel komplett, das sichere Refugium war passé, und die letzten Alke brüteten stattdessen auf einer anderen nahen Insel, Eldey, die im Sommer erreichbar war, wenn auch unter Schwierigkeiten. Durch die große Nachfrage nach den Vögeln kam es jedes Jahr zu Jagdexkursionen. Für das Jahr 1833 sind 24 Vögel belegt, dann wurden es weniger und weniger. Im Jahr 1840 oder 1841 waren es noch drei. Dann erfolgte, wie später rekonstruiert, am 3. Juni 1844 der letzte Jagdzug, auf dem das einzige noch gesichtet Paar des Riesenalks gefangen und erschlagen wurde. Das Ei des Paars, ebenfalls sehr wertvoll, zerbrach wohl durch eine Unachtsamkeit. Die toten Tiere sollen übrigens den Auftraggeber der Expedition nie erreicht haben: Auf dem Weg bot ein anderer Händler wohl einen besseren Preis und die Tiere gingen an ihn. Wo die ausgestopften Exemplare landeten, ist heute nicht klar, evtl. sind es laut einem Buch von Errol Fuller die heute in den Museen von Brüssel und Los Angeles vorhandenen Exemplare. Die eingelegten Eingeweide der beiden Tiere befinden sich heute im Zoologischen Museum von Kopenhagen.

Ob dieser Tag im Jahr 1844 wirklich das Aussterbedatum des Riesenalks markiert, lässt sich nicht sagen. Vielleicht waren noch einzelne Tiere ein paar Jahre lang im Atlantik unterwegs. Auf den bekannten Brutinseln aber wurden keine mehr gesichtet, und damit ist der Riesenalk eines der markantesten Beispiele, wie am Ende die Gier nach dem Besonderen zum Verschwinden einer Art führt – denn ihre anderweitige wirtschaftliche Nutzung als Nahrung oder zur Daunengewinnung war schon lange nicht mehr rentabel.

Seltenheit als Grund für Rentabilität hält aber auch beim Riesenalk noch nach seinem Aussterben an, wie auch bei anderen Sammlerleidenschaften. Für einige der ausgestopften Exemplare wurden auch viel später noch hohe Preise bezahlt: 350 britische Pfund im Jahr 1895, 700 im Jahr 1936, 9000 im Jahr 1971 und 25 000 im Jahr 1974.

Nicht weit weg vom Riesenalk: Nashorn und Co.

Ähnliche Beweggründe verbergen sich auch heute noch häufig hinter der fortgesetzten Jagd nach seltenen Großtieren wie Tiger, Moschustier oder Nashorn. Um jene zu verhindern, wurde 1975 das Washingtoner Artenschutzabkommen (CITES) zur Kontrolle des Handels mit gefährdeten Arten in Kraft gesetzt – ein wichtiger Schritt zur Eindämmung eines solchen Handels wie beim Riesenalk in seinen letzten Jahren.

Auf den Listen des Abkommens, die den Handel mit Tieren und Pflanzen und ihren Teilen, wie etwa Reptilienleder oder Felle, regeln, stehen mittlerweile stolze 8000 Tier- und 40 000

Pflanzenarten, die vielfach in Familien zusammengefasst sind. So stehen etwa pauschal alle Orchideen- und Kakteenarten unter Schutz. Ihr Handel muss genau dokumentiert, ein Nachweis der Unschädlichkeit des Handels für die Ursprungsbestände der Art muss erbracht werden.

Bei manchen Arten wie dem Elefanten ist das Abkommen zeitweise auch sehr erfolgreich gewesen, immer vorausgesetzt, die Länder, in denen die Arten vorkommen, ziehen mit. Ist aber keine Kontrolle gegeben, bleibt der illegale Handel weiterhin ein Problem. Auch die Handelsinteressen in den Teilnehmerländern verhindern vielfach, dass Arten über CITES geschützt werden. Bei der letzten Tagung der Mitgliedsstaaten des Abkommens in Doha 2010, die regelmäßig beraten, welche Arten wie intensiv geschützt werden sollen, wurde etwa heftig darüber gestritten, ob nicht der Blauflossen-Thunfisch, eine vor allem im Mittelmeer extrem stark überfischte Art, mit einem kompletten Handelsverbot belegt werden soll. Japan, Hauptimporteur von Blauflossen-Thunfisch, gelang es aber, eine Handelsbeschränkung abzuwehren. In Japan ist dieser Fisch eine der wichtigsten und beliebtesten Zutaten für Sushi und Sashimi. Auf dem Tokioter Fischmarkt, dem zentralen Umschlagplatz für hochwertigen Fisch für die japanische Küche, klettern die Preise für einzelne Fische auf bis zu 100 000 Euro und darüber. Aufgrund wissenschaftlicher Zahlen, die vom Naturschutzbund Deutschland angeführt werden, hat sich der Bestand an fortpflanzungsfähigen Tieren im Ostatlantik und Mittelmeer zwischen 1957 und 2007 und mehr als 74 Prozent reduziert, davon allein in den letzten zehn Jahren um über sechzig Prozent. Würde man die Befischung stoppen, würden die Bestände mindestens zehn bis fünfzehn Jahre brauchen, um sich zu erholen. Obwohl die Fischerei in Europa streng kontrolliert wird, werden die offiziellen Fangquoten von bis zu 30 000 Tonnen pro Jahr wahrscheinlich aufgrund des lukrativen Geschäftes stark überschritten.

Im weltweit vernetzten Handel geht das Problem noch einen Schritt weiter, wie das Beispiel das Nashorns in den letzten Jahren zeigt: Ähnlich wie beim aufstrebenden Bürgertum Großbritanniens und anderer europäischer Länder im 18. und 19. Jahrhundert, das für den Druck auf seltene Vogelarten mitverantwortlich war, ist es heute der zunehmende Reichtum in asiatischen und arabischen Ländern, der den Nutzungsdruck auf „die Letzten ihrer Art" weiterhin hoch hält oder verstärkt. Die große Nachfrage nach Nashorn-Pulver zur Potenzsteigerung und als Mittel gegen Krebs in der asiatischen Medizin führt dazu, dass der Druck der illegalen Jagd steigt. Laut der International Rhino Foundation liegt der Schwarzmarkt-Preis für Horn bei bis zu 57 000 US-Dollar pro Kilogramm. Die vermeintliche Wirkung ist übrigens gleich null – man könnte als potenzsteigerndes Mittel genauso gut Fingernägel kauen, denn Rhinozeros-Horn besteht wie unsere Fingernägel vornehmlich aus Keratin.

Lange galten die Bestände als relativ stabil und lagen bei ca. 22 000 Tieren. Eine beachtliche Zahl nach einem Tief in den 1950er-Jahren, da die Bestände aufgrund des Jagdtourismus auf wenige hundert Tiere geschrumpft waren, zudem war die Wilderei überschaubar. Doch in den letzten Jahren stiegen die Zahlen der gewilderten Tiere stark. 2011 wurden allein in Südafrika 448 erlegte Nashörner gemeldet, im Jahr 2012 waren es sogar 668.

Ranchbesitzer, die mit den Nashörnern als einer der „fünf großen Arten" – Löwe, Elefant, Giraffe, Zebra und eben Nashorn , die man bei einer Safari gesehen haben muss, gute Geschäfte machen, stellten private Schutzpatrouillen auf, um ihrer Bestände zu schützen.

Heidelberg, Bad Säckingen, Offenburg, Bamberg, Hamburg, Dedelstorf Oerrel – und Florenz. Das sind einige Orte, die ebenfalls von der steigenden Nachfrage nach dem Horn des Nashorns betroffen sind. Dort wurden zahlreiche Hörner aus Museen gestohlen, oft auf sehr dreiste Arte und Weise, wie etwa: Eintritt bezahlen, Horn abreißen, rausstürmen. Kein Wunder bei den aufgrund der großen Nachfrage und des geringen Angebots immensen Preisen, und wer denkt als Naturkundemuseum schon daran, dass die eigenen Exponate wertvoller sind als Gold? Heute tun sie es, die meisten Naturkundemuseen haben ihre Nashorn-Hörner oder -Köpfe in die gesicherten Bereiche verlegt. Und zahlreiche Zoos haben bei ihren Nashörnern in den Ställen Überwachungskameras installiert, da auch sie fürchten, man könne sich an ihnen vergreifen. Stellen Sie sich vor, das würde sich auf Löwen und Tiger, Elefanten und andere Tierarten ausweiten. Dann würden unsere Zoos und Naturkundemuseen zu Hochsicherheitstrakten – oder schlicht geschlossen.

Aalglatt – oder eben nicht.
Wie Wirkungen auf die Natur immer komplexer werden

Auch der Europäische Aal *(Anguilla anguilla)* ist eine Art, die mehr und mehr unter Druck gerät. Früher eine der häufigsten und auch robustesten Fischarten Mitteleuropas, sind die Bestände mittlerweile stark zurückgegangen. Die Weltnaturschutzorganisation IUCN führt den Aal auf der Roten Liste der gefährdeten Fischarten inzwischen als stark gefährdet. Die Nutzung spielt dabei eine wichtige Rolle, aber in diesem Fall sind auch andere Faktoren entscheidend.

Evolutionsbedingt führt der Aal ein äußerst kompliziertes Leben. Anders als der Lachs, der in Flüssen seinen Nachwuchs zeugt und dann im Meer lebt, leben Aale den Großteil ihres Lebens im Süßwasser, pflanzen sich aber im Meer fort. Lange war unbekannt, wie und wo das überhaupt geschieht, bis man allmählich entdeckte, dass alle europäischen Aale in die 5000 Kilometer von den europäischen Küsten entfernte Sargassosee nördlich der Karibik wandern, um dort zu laichen und dann zu sterben. Man vermutet, dass diese ungewöhnlich weite Wanderung mit der Evolution des Aales über die letzten Jahrmillionen während der Kontinentalverschiebung zusammenhängt. Anfänglich war das Meer zwischen Europa und Afrika sowie Nord- und Südamerika noch klein und der Weg für die Aale bzw. deren Vorfahren kurz. Deshalb blieben sie auch bei ihrem angestammten Brutgebiet, als der Atlantik durch die Ausdehnung des mittelatlantischen Rückens größer wurde. Heute noch schiebt sich der mittelatlantische Rücken mit einer Geschwindigkeit von zwei Zentimetern pro Jahr auseinander, der Weg für die Aale quer über den Atlantik wird also noch immer länger.

Im Laufe der Zeit hat sich der Aal aber in faszinierender Weise angepasst. Den Weg in die Sargassosee legen die Elterntiere ohne Nahrungsaufnahme zurück und zehren rein von ihren Fettreserven – wer einmal Aal gegessen hat, weiß, dass er sehr fettreich ist. Die Verdauungsorgane bilden sich zurück und machen den Geschlechtsorganen Platz. Die in der Sargassosee geschlüpften Fische nehmen schon als Kleinstfische den Weg nach Europa in Angriff, und nach etwa ein bis zwei Jahren kommen sie als wenige Zentimeter lange sogenannte Glasaale vor den europäischen Küsten an. Wo die vielfältigen Herausforderungen durch den Menschen beginnen. Schon die Glasaale gelten als Delikatesse. Ferner werden sie abgefischt, um Besatzmaßnahmen in Flüssen und Seen vorzunehmen, aber auch um die Aale in Aquakulturen zu züchten – nicht nur in Europa, sondern zunehmend auch in Asien, wo Aal eine Delikatesse ist. Der Japanische Aal ist überfischt – und so weichen dortige Züchter, ebenso wie die europäischen Fangflotten der Hochseefischerei, zunehmend auf den Europäischen Aal aus. Aufgrund der komplizierten Biologie des Aals ist eine direkte Zucht nämlich nicht möglich, man muss die Jungtiere fangen und großziehen. Ein Problem, das sich ebenso beim Thunfisch und anderen Zuchtarten stellt, auch wenn man mit ausgeklügelten Methoden an einer Vermehrung in Gefangenschaft arbeitet. Die starke Nachfrage hat dazu geführt, dass ein Kilogramm Glasaal für die Zucht, etwa 3000 Tiere, heute bis zu 1000 Euro kostet. In den 1990er-Jahren waren es noch umgerechnet 120 Euro.

Da Glasaale so teuer geworden sind, gibt es nun etwa für Angulas, das klassische baskische Weihnachtsgericht, das aus kurz in der Pfanne gebratenen Glasaalen besteht, nur noch einen Ersatz. Dieser wird aus Surimi, zerkleinertem Fischprotein, hergestellt, das mit Aromen und Lebensmittelfarbe in die Form von Glasaalen gebracht wird – inklusive des kleinen schwarzen Punkts an einem Ende, der das Auge darstellen soll. Auch Garnelen und andere Meeresfrüchte werden zunehmend imitiert, da das eigentliche Naturprodukt schlicht zu teuer geworden ist.

Aber nicht allein der Export nach Asien ist für die starke Befischung der Glasaale in der Nordsee verantwortlich – der komplexe Kampf zwischen Mensch und Aal spielt eine bedeutende Rolle. Zunächst einmal wird der Aal der zunehmenden Verschmutzung der Gewässer ausgesetzt. Als stark fettanreicherndes und fleischfressendes Tier nimmt er große Mengen an Schwermetallen und organischen Schadstoffen aus dem Wasser und seiner Nahrung auf und lagert sie ein. Außerdem sind die verschiedenen Lebensräume immer schlechter zu erreichen: Durch Verbauungen diverser Art in Flüssen, vor allem Wasserkraftwerke, können kleine Aale häufig gar nicht die Flüsse hinaufwandern, die Alttiere hingegen haben Probleme, flussabwärts zu kommen, um in die Sargassosee zum Laichen zu gelangen. So werden – hier weichen die Schätzungen stark voneinander ab – je nach Flusssystem und den bestehenden Verbauungen zwischen zwanzig und sechzig Prozent der wandernden Tiere in den Turbinen von Kraftwerken getötet. Ein Problem, das auch für viele andere wandernden Fischarten besteht und nur durch die Einrichtung von Fischtreppen, quasi „Umgehungsstraßen“ für Fische an den Turbinen und Wehren vorbei, entschärft werden kann. Die Wasserrahmenrichtlinie der EU sieht die Sicherstellung dieser Durchgängigkeit der Flüsse für alle Fischarten vor, aufgrund der hohen Anzahl von Querverbauungen in unseren Flüssen wird es aber noch lange dauern, bis dies an allen Flüssen der Fall ist. Dabei gilt der Aal noch als relativ flexibel. Er kann sich als erwachsenes Tier bei feuchter Witterung auch über Land fortbewegen, da er über die Haut atmen kann. Dadurch ist es ihm möglich, kleinere Hindernisse zu umgehen.

Ein weiterer Faktor sind die natürlichen Feinde. Gerade der Kormoran, Hauptfischjäger in Mitteleuropa und seit den 1950er-Jahren fast ausgerottet, hat in seinem Bestand stark zugelegt und befischt wieder Flüsse und Seen. Eine weitere Gefahr muss der Mensch verantworten. Durch Importe japanischer Aale in den 1980er-Jahren wurde der parasitische Schwimmblasenwurm *(Anguillicola crassus)* in die europäischen Aalpopulationen eingeschleppt und verbreitete sich unter ihnen schnell. Der Parasit wird als Larve zunächst von anderen Tieren, kleinen Fischen oder Krebstieren, aufgenommen, wächst in ihnen heran, um dann mitsamt seinem Wirt von einem Aal gefressen zu werden. Im Aal wandert er vom Magen in die Schwimmblase und setzt sich dort fest. Er wird dabei gerade einmal drei Zentimeter lang, allerdings können bis zu siebzig Individuen in einem Aal leben. Dies führt zu einer starken Schwächung des Aals bis hin zum Tod. Vor allem aber wird die Schwimmblase geschädigt, die Auftriebswirkung der Blase funktioniert nicht mehr ausreichend, sodass die Aale gezwungen sind, mehr Energie auf das Schwimmen zu verwenden. Wie viele Aale durch den Parasiten umkommen, ist nicht bekannt, man vermutet aber, dass gerade auf dem langen Weg in die Sargassosee viele befallene Tiere verenden.

Am Ende seines Weges durch Flüsse und Seen steht wieder der Mensch – und befischt den Aal. Weswegen die Schwierigkeiten des Aals, seinen Bestand zu erhalten, durch den Menschen zunehmend umgangen werden. Schon sehr lange übernehmen

Angler und Fischer den Aufstieg der Fische durch Besatzmaßnahmen. Im Jahr 2007 wurden stolze 13,5 Millionen Aale in deutschen Gewässern ausgesetzt (Kostenpunkt: ca. vier Millionen Euro), damit sie später befischt werden konnten. Entsprechend ist auch die Fischerei zentral für die Erhaltung der Aale in Deutschland. Ohne das jährliche Aussetzen von Jungfischen sähe die Situation vermutlich noch wesentlich schlechter aus.

Wie genau diese verschiedenen Faktoren nun zusammenwirken, sodass die Bestände der Glasaale seit den 1970er-Jahren um etwa 98 Prozent zurückgegangen sind, ist sehr schwer zu sagen. Aber an vielen Stellschrauben ist auch hier wieder der Mensch beteiligt – und hat zugleich ein Interesse, den Aal als natürliche Ressource und Einnahmequelle zu erhalten, weswegen es nun europaweit Aal-Management-Pläne gibt. Der deutsche Begriff „Aal-Bewirtschaftungsplan" macht deutlich, wie man hier denkt – in erster Linie geht es um die Erhaltung eines Wirtschaftsgutes. Und zwischen Aal und Mensch hat sich eine gewisse Abhängigkeit ergeben. So kommt der Aal-Bewirtschaftungsplan zu dem Schluss, dass sich der Aalbestand ohne Besatzmaßnahmen, die es schon seit hundert Jahren gibt, nicht erholen könne. Andererseits darf die Befischung nicht allzu stark eingeschränkt werden, sonst würde die Bereitschaft zu solchen Maßnahmen entschieden zurückgehen. Zwar werden die Kosten von Bund und Ländern mitgetragen, aber auch Angler- und Fischereivereinigungen tragen stark zu den Maßnahmen bei. Der Mensch übernimmt also zunehmend die Umgehung der Gefahren für den Aal, die der Mensch geschaffen hat: Kleine Glasaale werden in Küstennähe gefangen, gegebenenfalls aufgezogen und im Binnenland wieder ausgesetzt. Umgekehrt werden erwachsene Aale gefangen, um sie dem Schicksal, in Wasserkraftturbinen umzukommen, zu entziehen und zur Fortpflanzung in den Ozean zu bringen. Dies ist weniger aufwändig, als Umgehungsmaßnahmen zu schaffen oder die Turbinen umzubauen.

Durch die vielfältigen Gefahren für den Aal, wenn er sich denn natürlich zwischen der Sargassosee und den Binnengewässern in Europa bewegen will, ist also eine gegenseitige Abhängigkeit zwischen Mensch und Tier entstanden. Der Schutz von natürlichen Beständen und deren Nutzung durch Fischer und Angler sind zu einem Ineinander geworden, und es ist schwierig, ohne sehr großen Aufwand die menschlich bedingten Gefahren, aber auch die natürlichen Gefahren für den Aal so kontrollieren zu können, dass eine Erhaltung des Bestandes ohne den weiteren Eingriff des Menschen möglich ist.

Kampf um das Riff – die Miesmuschel und die Pazifische Auster

Das Beispiel des Aals zeigt, wie schwierig es sein kann, eine Art mit komplexer Ökologie, an der zudem ein großes Nutzungsinteresse besteht, nachhaltig zu erhalten. Ähnliche Probleme sehen wir in der Nordsee, wo nicht nur bei vielen Fischarten, sondern auch anderen wichtigen Lebewesen des Ökosystems die Situation als kritisch bezeichnet werden muss. So bei einer anderen beliebten Speise auf unseren Tellern, die man am besten, so heißt es, in den Monaten mit R am Ende genießt, also von September bis Februar: der Miesmuschel. In einem Sud aus Weißwein mit Knoblauch, Zwiebeln, Safran und Olivenöl gekocht und mit Salz und Pfeffer abgeschmeckt, gilt sie bei vielen als eine Delikatesse. Zuvor haben die Muscheln in ihrem mehrjährigen Leben unzählige Tonnen Nordseewassers gefiltert und die Nährstoffe herausgezogen. Damit nehmen sie aber auch viele Schadstoffe auf, die Muschel aus der Nordsee gilt als relativ stark belastet, etwa mit Schwermetallen wie Blei, Cadmium und Quecksilber. An allen europäischen Küsten wurde und wird sie gefischt, außerdem wird sie im zunehmenden Maße entlang der Nordsee und des Atlantiks gezüchtet. 2007 betrug die Produktionsmenge in der EU ca.

175 000 Tonnen, was einem Marktwert von 231 Millionen Euro entspricht. Marktführer sind Frankreich, die Niederlande und Großbritannien. Die Ernte in Deutschland dagegen ist vergleichsweise klein. In Niedersachsen gibt es Muschelfarmen, die etwa 8000 Tonnen jährlich produzieren. In Schleswig-Holstein werden neben der Zucht noch bestehende Miesmuschelriffe befischt, dort beträgt die gesamte Ernte ca. 20 000 Tonnen. Die Geschichte der Miesmuschelzucht lässt sich bis ins 13. Jahrhundert zurückverfolgen, wo die Muschel bereits in Frankreich an Pfählen kultiviert wurde.

Nicht zu vergessen ist, dass die Miesmuschelbänke nicht nur für den Menschen eine wichtige Nahrungsquelle sind. Im Wattenmeer mit seinen Hundertausenden von Zugvögeln jährlich stellen sie auch eine wichtige Nahrungsquelle für zahlreiche Vögel dar.

Das Miesmuschelfischen von den natürlichen Riffen ist schwierig und zerstörerisch, da mit schweren, metallverstärkten Netzen die Bänke per Schleppnetz befischt werden. Mehr und mehr ist daher die Zucht zum Fokus der Muschelproduktion geworden, auch weil die direkte Fischerei in den Nationalparks des Wattenmeeres immer stärker eingeschränkt wurde. Allerdings ist die Zucht, wie bei vielen aquatischen Organismen, zunächst auf das Fangen oder Sammeln von Jungtieren angewiesen, im Fall der Muscheln auf die noch im Wasser frei schwimmenden, wenige Millimeter großen Jungmuscheln. Sie mit speziellen Netzen zu fischen ist den Muschelfarmern erlaubt. Die Jungmuscheln werden dann in bestimmten ausgewiesen Zonen des Watts ausgebracht, um sich dort zur vollen Größe zu entwickeln. So werden in Niedersachsen etwa 1300 Hektar Wattfläche für diese Kultur genutzt. In Niedersachsen sind 102 Muschelriffe bekannt, davon sind 29 von der Muschelgewinnung ausgenommen. Im Durchschnitt wurden in den Jahren 1994 bis 2007 6300 Tonnen an Jungmuscheln gefischt, um sie dann weiter zu züchten. Die wachsenden Restriktionen für die Fischerei tragen dabei der Tatsache Rechnung, dass die Flächen und der Besatz der Muschelbänke seit den 1980er-Jahren kontinuierlich abgenommen haben. Zunächst wurde als Ursache allein die zu intensive Fischerei verdächtigt. Weitere Untersuchungen legen aber die Vermutung nahe, dass auch andere Faktoren eine Rolle spielen, etwa die kontinuierliche Erwärmung der Nordsee durch den Klimawandel, die in sehr warmen Wintern dazu führt, dass sich der Nachwuchs bei den Muscheln nur geringfügig einstellt oder er gar ganz ausfällt.

So weit ähnelt die Geschichte der Miesmuschel der des Aals. Beide werden vom Menschen intensiv genutzt, und dem Menschen fällt vor allem durch das Abfischen der Jungtiere und deren Aufzucht, ob nun durch die geschützte Aufzucht der Muscheln im Wattenmeer oder durch den Besatz von Teichen, Seen und Flüssen im Inland mit Jungaalen, eine zentrale Rolle zu, die Bestände der Tiere zu erhalten. Bei der Miesmuschel kommt aber nun ein Neubürger ins Spiel, kein Parasit diesmal, sondern eine andere Muschel.

Denkt man an Muscheln als Nahrungsmittel, wird den meisten von uns zunächst vielleicht weniger die Miesmuschel, sondern vielmehr die Jakobsmuschel, mehr aber noch die Auster einfallen. Die Austern, die heute größtenteils in Europa gegessen werden, sind aber nicht europäischen Ursprungs, sondern stammen aus dem Pazifik, denn die Pazifische Felsenauster *(Crassostrea gigas)* wächst deutlich schneller als ihr europäisches Pendant, die Europäische Auster *(Ostrea edulis)*. Die Entwicklung der Weltproduktion an Pazifischen Austern ist enorm. Waren es 1960 noch etwa 210 000 Tonnen jährlich, so ist die Produktion vor allem in den 1990er-Jahren auf fast 800 000 Tonnen angestiegen. Austern sind damit von einem Luxusgut fast zu einem allgemeinen Nahrungsmittel geworden.

Aufgrund der Beliebtheit und der Robustheit der Pazifischen Auster war es nur konsequent, dass in den 1970er-Jahren niederländische Muschelfarmer begannen, die Pazifische Auster auch in ihren Kulturen anzusiedeln, Gleiches galt für Dänemark. Da die Auster warme Temperaturen, vor allem im Winter, gewohnt war, ging man davon aus, dass sie sich nicht bis ins Wattenmeer hinein ausbreiten könne.

Wie so häufig bei solchen Einschätzungen kam es anders, und die Pazifische Auster schaffte es, sich außerhalb der Aquakulturen zu etablieren. 1998 wurde sie in der westlichen Nordsee bei Borkum erstmals in deutschen Gewässern entdeckt. Seitdem hat sie sich massiv über das Wattenmeer verbreitet. Als Felsenbewohner, wie ihr Name schon sagt, bevorzugt sie zur Ansiedlung festen Untergrund – und der ist in den Watten der Nordsee eher selten, außer auf den etablierten Miesmuschelbänken und an Hafenanlagen. So wurde schnell beobachtet, dass sich die Austern massiv auf den Miesmuschelbänken ausbreiteten und die Miesmuscheln zu verdrängen drohten. Denn die Austern wachsen anders. Sie sind nicht, wie die Miesmuscheln, mit Klebefäden, den sogenannten Byssusfäden, miteinander verbunden. Sie wachsen vielmehr, sind sie einmal angesiedelt, mit ihren Schalen zusammen und bilden dann große, unregelmäßige und an den Kanten sehr scharfe Kolonien. Daher wurde befürchtet, dass die Einwanderung der Auster die Miesmuschel endgültig aus der Nordsee verdrängen könnte. Laut einem Bericht des Wattenmeer-Sekretariats sank die Biomasse der Miesmuscheln im niedersächsischen Wattenmeer von immerhin noch 100 000 Tonnen im Jahr 1999 auf nur noch 20 000 Tonnen im Jahr 2007. Die Masse der Austern nahm dagegen von quasi null im Jahr 1999 auf über 70 000 Tonnen im Jahr 2007 zu. Ebenso hat sich die Fläche der Miesmuschel-Bänke von 3000 auf nur noch 1000 Hektar verkleinert. In den 1950er- bis 1980er-Jahren waren es stets um die 5000 Hektar gewesen. Die Verlustquoten in Schleswig-Holstein sehen ähnlich aus.

Aktuelle Untersuchungen zeigen aber, dass sich die Miesmuscheln auch in den nun von der Auster dominierten Bänken halten können. Denn letztendlich ist die Art und Weise, wie beide Muscheln ihre Bestände aufbauen, sehr unterschiedlich. Die Austern wachsen zusammen und werden immobil. So kommt es häufiger vor, dass in kalten Wintern gerade die oberen Schichten in den Bänken absterben, denn so gut an kalte Bedingungen angepasst ist die Auster dann doch wieder nicht. Auch bilden die zusammengewucherten Austernbänke genug Nischen für die Miesmuschel mit ihrer mobilen Art der Befestigung. Als Jungmuschel mag sie sich kleinere Nischen etwas tiefer an der Austernbank suchen und dort festsetzen, womit sie auch besser vor Fressfeinden geschützt ist. Später kann sie sich lösen und neu ansiedeln, evtl. weiter oben an der Bank, um die Filtration von Nahrung zu verbessern. Auch andere Muschel- und weitere Tierarten scheinen in den veränderten Riffen der Pazifischen Auster gut zurechtzukommen, so eine Untersuchung von Alexandra Markert vom Senckenberg-Institut in Wilhelmshaven.

Die veränderten Bänke haben auch für die Fischer Konsequenzen, die weiterhin Jungmiesmuscheln an den Bänken fischen dürfen, wenn auch in geringem Maße, um ihre Aquakulturen zu bestücken. So können die Austernbänke dazu führen, dass durch ihre scharfen Kanten häufiger Netze zerstört werden. Deshalb waren die Fischer gezwungen, die Technik für das Abfischen von Jungmuscheln zu verfeinern. Hierfür wurden in den letzten Jahren Methoden entwickelt, die nun vermehrt angewandt werden.

Wie es um die Zukunft der Miesmuschel und der Pazifischen Auster in der Nordsee bestellt ist, lässt sich derzeit schlecht vorhersagen. Der Klimawandel könnte dazu führen, dass das Pendel mehr für die eine oder die andere Art ausschlägt. Vielleicht wird die Miesmuschelfischerei und deren Kultur in andere Gewässer abwandern müssen, weil der Nachwuchs nicht mehr sichergestellt ist. Wahrscheinlich wird sich der Mensch am besten anpassen können, wenn er in seinem Konsum direkt auf gezüchtete Austern umsteigt. Die Austern der wilden Bänke sind dazu aber nicht vermarktbar, denn die zusammengewachsenen Muscheln machen eine Ernte und einen Verkauf schwierig. Aber auch hier hat sich der Mensch angepasst. So gibt es mittlerweile an einigen Orten an der Nordsee spezielle Wattwanderungen – zu den Bänken der Pazifischen Auster. Austernliebhaber bringen die entsprechende Ausrüstung (inklusive Champagner) mit und veranstalten im Watt ein Austern-Essen. Der Vermehrung der Auster wird dies wenig Abbruch tun, aber zumindest steigern ein paar Menschen ihr Wohlbefinden.

Wann ist ein Wald ein Wald?

Es gibt vielleicht kein zweites Ökosystem, das den Menschen so beschäftigt, verängstigt und begeistert wie der Wald. Man kann ihn mit allen Sinnen erleben, es lauern Gefahren in ihm, und gleichzeitig kann er Schutz bieten, die Ernährung sicherstellen und wertvolle Rohstoffe liefern. Auch ist der Wald in vielen Regionen der Erde die dominierende Form der Natur – in den Tropen ebenso wie in den gemäßigten Breiten und der Taiga.

In vielen Regionen der Erde, nicht zuletzt auch bei uns, wurden die Wälder bereits früh durch den Menschen dezimiert. In Deutschland selbst sind heute noch ca. 35 Prozent der Landesfläche bewaldet. Aber handelt es sich hier wirklich noch um einen Wald?

In Deutschland gibt es schon in der Bezeichnung von Ökosystemen mit vielen Bäumen eine wichtige Unterscheidung. Wir sprechen beim intensiv genutzten Wald – und das sind fast alle Waldflächen in Deutschland – von Forst und von der Forstwirtschaft. Vor allem das wachsende Holz ist seit Jahrhunderten einer der bedeutendsten Naturstoffe, die der Mensch nutzt. Heute mehr denn je. Lange Zeit war es in Mitteleuropa der Bedarf an Bauholz und vor allem an Brennholz, der die Wälder in Deutschland massiv zurückdrängte und im 18. Jahrhundert zur Entwicklung des Konzepts einer nachhaltigen Forstwirtschaft führte, in der dem Wald nicht mehr Holz entnommen werden soll, als nachwächst. Der Beweggrund hierzu war ein rein ökonomischer, kein ökologischer: Man wollte der aufstrebenden Wirtschaft im 18. Jahrhundert nicht die Entwicklungsmöglichkeiten nehmen. Zum Glück für den Wald – oder den Forst – kam bald die Kohlegewinnung und -verfeuerung auf, die den Wald als maßgebliche Energiequelle entlastete. Eine Entwicklung, die sich in Zukunft wieder umdrehen könnte, da Holzhackschnitzelheizwerke und der private Verbrauch von Feuerholz oder Pellets in Deutschland massiv zunehmen. Die steigenden Öl- und Gaspreise und das Bewusstsein, mit der Energiegewinnung aus nachwachsenden Rohstoffen etwas für das Klima zu tun, führen dazu. So wurden in Deutschland im Jahr 2009 zum Beispiel 2,5 Millionen Tonnen Holzpellets produziert.

Trotz der Entlastung der Wälder von der Feuerholzproduktion nahm die ökonomische Sicht auf den Forst die alles überragende Rolle in der deutschen Waldbewirtschaftung ein, und sie hat sie heute noch inne. Wald ist ein Wirtschaftsgut, reduziert auf den Ertrag von Kubikmetern Holz pro Hektar.

Zugleich bleibt der Wald ein Mythos, ein Erlebnis- und Besinnungsraum, von dem sich der Deutsche nicht trennen mag und der in der Romantik und in ihrer Rückbesinnung auf die Natur im 19. Jahrhundert eine herausragende Rolle spielte. In Deutschland manifestiert sich dieses Faible für den Wald etwa darin, dass der freie Zugang zum Wald per Gesetz geregelt ist, auch wenn dieser sich in Privatbesitz befindet. Und der Deutsche hängt dem Idealbild des deutschen Waldes nach, einem Buchenwald mit hohen Stämmen, der zwar den dominierenden Typ des Waldes in Mitteleuropa stellen würde, den der Mensch aber schon lange umgestellt hat auf produktionseffiziente Baumarten wie Fichte und Kiefer, die einfach schneller wachsen. Unter Naturschützern kam hier irgendwann der Satz auf: „Willst du einen Wald vernichten, pflanze Fichten, Fichten, Fichten." Die Fichte macht auch heute mit ca. 3,5 Millionen Hektar und einem Anteil von ca. 33 Prozent einen großen Anteil unserer Wälder aus – und ist für Gefahren wie Borkenkäferbefall und Stürme sehr anfällig. Trotzdem wird sie in der Forstwirtschaft auch weiterhin als „Brotbaum" bezeichnet, da sie schnell wächst und somit schnell erntereif ist – was wiederum schnelles Geld verspricht. Ca. 1,2 Millionen Arbeitsplätze sind es, die direkt oder indirekt an dieser Form der Forst- und Holzwirtschaft in Deutschland hängen.

In den letzten Jahren aber wandelt sich langsam der Blick auf den Wald. Man hat erkannt, dass die Reduktion des Waldes auf einen „Stangenacker" aus Fichten nicht seinen alleinigen Nutzen ausmacht und eine diverse Waldstruktur und -nutzung dazu beiträgt, dass eben jene Nutzung langfristig gewährleistet werden kann. Denn im Gegensatz zu vielen anderen Bereichen unserer Wirtschaft muss die Waldwirtschaft in langen Zeiträumen denken. Ein Baum wächst nun einmal nicht so schnell wie ein Weizenfeld. Daher müssen die Wälder widerstandsfähiger werden gegen die Effekte des Klimawandels wie Dürrephasen oder Stürme. Andererseits wird der Wert der Wälder auch differenzierter gesehen. Die Diskussion um die Speicherung von CO_2 aus der Atmosphäre führt etwa dazu, dass die Senkenfunktion der Wälder für Kohlenstoff weltweit in den Fokus gerückt ist. So sind in den deutschen Wäldern allein etwa 1,2 Milliarden Tonnen Kohlenstoff gespeichert, und jährlich kommen bis zu 25 Millionen Tonnen hinzu, wenn ihre Nutzung nicht weiter zunimmt. Dies entspricht knapp den CO_2-Emissionen von ca. 28 Millionen Tonnen, die jährlich aus landwirtschaftlichem Ackerland durch dessen intensive Nutzung entweichen, so die Zahlen des Umweltbundesamtes.

Der vielfältige Nutzen der Wälder hat in Deutschland in einem gewissen Maß zu einen Gleichgewicht verschiedener Nutzungsinteressen geführt, auch wenn weiterhin die Holzproduktion dominiert.

Weltweit bietet sich aber noch lange kein so gutes Bild . Weiterhin werden jährlich ca. dreizehn Millionen Hektar Wald zerstört. Durch Aufforstung werden davon zwar etwa 7,8 Millionen Hektar in der Fläche kompensiert, der naturnahe Wald auf diesen Flächen bleibt aber verloren. Die Angaben schwanken, nach verschiedenen Berechnungen macht dieser Verlust an Wäldern jedoch ca. zehn bis zwanzig Prozent der globalen Treibhausgasemissionen aus. Aber natürlich geht es nicht nur um den in den Wäldern gespeicherten Kohlenstoff. Mit den tropischen Wäldern werden vor allem auch massiv Arten vernichtet. Und die meisten davon sind noch nicht einmal bekannt, denn rein statistisch gesehen beherbergt ein Hektar Regenwald so viele Arten vor allem an Pflanzen und Insekten, dass wir davon ausgehen müssen, dass etliche von ihnen weder entdeckt noch beschrieben wurden. Mit der Abholzung wird der Wald aber auch anderen Nutzungen zugeführt. Die Straßen der Holztransporter ermöglichen es Jägern, tiefer in den Wald vorzudringen, um Buschfleisch von Affen und anderen Säugetieren für die regionalen Märkte zu erjagen. Und auch die Sammlung von seltenen Tieren und Pflanzen für den Verkauf wird erleichtert. So werden Schlangen wie der Dunkle Tigerpython in den asiatischen Urwäldern immer seltener, weil sie gefangen und dann zu Schlangenleder verarbeitet oder, als Zuchttiere deklariert, in die USA und andere Länder exportiert werden, wo sie, etwa in Florida, als exotische Haustiere verkauft werden. Dort wird uns die Schlange im nächsten Kapitel wieder begegnen. Eigentlich ist dieser Handel durch das CITES-Abkommen streng reglementiert. Es soll wie bei den Nashörnern den Handel unterbinden. Um das Abkommen zu umgehen, werden hier aber häufig Behördenvertreter vor Ort bestochen, um die Exporte wild gefangener Tiere als angebliche Zuchttiere zu ermöglichen.

Das Weniger-Werden erfassen, um dagegen handeln zu können

Die einzelnen Artengeschichten von Aal, Miesmuschel und anderen zeigen, wie sehr sich diverse und großräumige Einflüsse des Menschen auswirken, selbst wenn es sich nur um eine einzelne Art handelt. Einen Überblick darüber zu bekommen, wie sich das in der Gesamtheit auf die Biodiversität auswirkt, ist sehr schwierig. Dafür müsste man alle Arten und die Entwicklungstrends ihrer Populationen erfassen, was aufgrund des großen Aufwands, der erforderlich wäre, kaum möglich ist. Einzig bei solchen Tieren wie den Vögeln, die eine große Anzahl von Naturfreunden begeistern können, kann es gelingen, regelmäßig Artdaten zu erfassen. Deswegen haben die staatlichen Vogelschutzwarten zusammen mit dem Dachverband der Deutschen Avifaunisten ein Indikatorsystem entwickelt, das für unterschiedliche Lebensräume Daten zu jeweils zehn Vogelarten erfasst hinsichtlich des Vorkommens von Brutpaaren bzw. der Reviere in bestimmten Flächen. Für alle Arten wurde für 2015 ein Zielbestand festgelegt, dessen Erreichen durch regelmäßige Zählungen der Bestände überprüft werden kann. Sechs Teilindikatoren wurden herausgearbeitet: für Agrarland, Wälder, Siedlungen, Binnengewässer, Küsten und Meere sowie die Alpen. Das Bild fällt ernüchternd aus. Insgesamt lag man im Jahr 2008 bei einem Zielerreichungsgrad von 69 Prozent, und seit Anfang der 1990er-Jahre ist kein positiver Trend zu erkennen, der Wert schwankt zwischen 67 und 73. Einzig bei den Wäldern ist ein positiver Trend zu verzeichnen, doch auch dort liegt die Zielerreichung nur bei 81 Prozent. Negativ sind die Trends vor allem in Siedlungen (59 Prozent), an Küsten und in Meeren (56 Prozent, mit einer starken Abnahme in den letzten Jahren) und im Agrarland (66 Prozent). Besonders negativ sind hier etwa die Trends bei den wiesenbrütenden Arten wie Heidelerche und Kiebitz. Ihnen macht die fortgesetzte Reduktion der Wiesenflächen und die Intensivierung ihrer Nutzung weiterhin zu schaffen.

Diese Indikatoren für die Vögel in Deutschland werfen nur ein Schlaglicht auf den Verlust innerhalb der Arten und damit ihrer genetischen Vielfalt. In nicht allzu weiter Ferne mag sogar das Aussterben der einen oder anderen Art in Deutschland stehen. Global ist die Situation, wie die wenigen Beispiele in diesem Kapitel zeigen, noch schwieriger. Tausende Arten stehen auf den Roten Listen oder sind bereits verschwunden, und die Populationen vieler Arten wie etwa vieler Fische sind massiv zurückgegangen – und damit ihre genetische Vielfalt und ihre Fähigkeit, sich an Veränderungen anzupassen.

Ähnlich ist die Situation bei den Ökosystemen. Der beständige Drang und Zwang, natürliche Ressourcen zu nutzen und damit immer neue Flächen für eine Nutzung zu erschließen, führt zu Verlusten an natürlichen Gebieten und zur Intensivierung der Nutzung in anderen. Ein Mehr an Bevölkerung und ihren Ansprüchen, und sei es nur das Verlangen nach Nashorn-Horn oder dem letzten Ei des Riesenalks, führt zu immer neuen Anstrengungen, an diese Ressourcen heranzukommen, bis sie vielleicht komplett aufgebraucht oder im Falle von Arten: verloren sind. Um dies aber noch besser zu verstehen, muss man sich auch die andere Seite anschauen, das Mehr-Werden in der Natur.

„Ich glaube, ein Stück Land zu besitzen und es nicht zu ruinieren ist die allerschönste Kunst, die man sich zu besitzen wünschen kann."

ANDY WARHOL,
US-AMERIKANISCHER KÜNSTLER

4. Mehr-Werden – von massenhaft Muscheln, Rindern, Mais und anderen Kalorien

Die Wandertaube und der Riesenalk sind zwei Beispiele, wie die direkte Nutzung einer einzelnen Art als Ressource zum Ende einer Art führt. Der Aal ist in einer ähnlichen Situation, wird aber durch den Menschen bewusst erhalten und ist zudem noch einer Melange an Einflüssen ausgesetzt, deren Bedeutung man nur schwer abschätzen kann, es sei denn, man gibt ein paar tausend Aalen Aufpasser mit, um die ganze Vielfalt der Gefahren, denen sie ausgesetzt sind, einmal zu protokollieren.

Manche Gründe für die Gefährdung der Biodiversität sind erst zu verstehen, wenn man sich tiefer in die Gründe hinabbegibt, warum der Mensch das Ökosystem und die Arten ausbeutet, vor allem angesichts des Energiebedarfs von sieben Milliarden Menschen.

Der Miesmuschel hat dieses Verlangen nach Energie in Form von Kalorien lange stark zugesetzt. Am Ende kam noch die Auster dazu und verdrängte sie teilweise aus ihrem Lebensraum. Und auch die Auster war zu Nutzzwecken nach Europa gebracht worden, ihrer Kalorien wegen. Ihr Mehr-Werden ist beispielhaft für das Mehr-Werden von Arten, Genen und Ökosystemen und ihren Dienstleistungen für den Menschen. Und auch hier kommt beispielhaft gleich wieder eine Muschel ins Spiel – oder vielmehr an den Strand.

Ein Strand aus Sand und Muschelleichen

Wer, der einmal in jungen Jahren an der Küste war, kennt das nicht – egal an welcher Küste, Hauptsache, ein Strand ist da: Als Kind rennt man herum und bringt jede neue Form von Muscheln zu Mama oder Papa, sammelt sie tütenweise und nimmt sie dann mit nach Hause. Dort sind sie nie wieder so schön frisch, feucht und glänzend wie am Strand und landen schnell in irgendeiner Ecke, verblasst wie die Erinnerung an den Urlaub.

Wir sagen „Muscheln sammeln", dabei sammeln wir nur ihre Schalen. Wer einmal eine Schale samt Inhalt versehentlich in seiner Sammlung hatte, wird schnell erfahren, dass zu einer Muschel mehr gehört als die äußere Schale – denn das Muscheltier ist ein zentrales Element des Wattenmeeres und anderer flacher Meere (und im Übrigen auch aller Flüsse, aber das kann in Europa, wo sie zumeist schon lange daraus verschwunden sind, schnell in Vergessenheit geraten). Muscheln filtern das Wasser und ziehen die Nährstoffe heraus. Für das Wattenmeer hat man berechnet, dass allein die Herz- und Miesmuscheln zusammen den gesamten Wasserkörper innerhalb von acht bis zehn Tagen einmal durchfiltern. Dabei sind sie, wie viele andere Tiergruppen, nach einzelnen Arten auf verschiedene Lebensräume spezialisiert – und haben sich in vielen Teilen der Welt verschieden entwickelt.

Aber das heißt natürlich nicht, dass sie nicht auch woanders leben können: Ein flaches, sandiges Meer mit bestimmtem Salzgehalt und bestimmten Temperaturen findet sich mehrfach auf der Welt – nur ist es für eine Muschel recht schwer, sich zielstrebig über viele Hunderte oder gar Tausende Kilometer hinweg dorthin zu bewegen, ohne Füße, Flügel oder Flossen. Mit zunehmender Entfernung nimmt die Wahrscheinlichkeit ab, dass eine bestimmte Artengruppe einen anderen Ort erreicht. Die Vorfahren des Dodo hatten es als Vögel da noch relativ leicht. Aber mit unserer Mobilität haben wir es der Muschel und vielen anderen Organismen ermöglicht, die Wahrscheinlichkeit einer zufälligen Ausbreitung stark zu erhöhen und sich einfach als Passagiere in Schiffen, am Auto haftend oder im Flugzeug mitnehmen zu lassen – ob vom Menschen beabsichtigt oder nicht.

Und damit sind wir wieder beim Muschelsammeln.

Der Winter war harsch, als ich im Januar 2010 auf die Nordseeinsel Juist kam. Juist gehört zu den Ostfriesischen Inseln, wobei es sich, grob gesagt, um große Sandbänke im Nationalpark und Weltnaturerbe des Niedersächsischen Wattenmeers handelt. Juist hat fast zwanzig Kilometer Sandstrand. Es ist der Strand, den ich seit Jahrzehnten immer wieder besuche. Gefühlt kenne ich dort jedes Sandkorn – oder zumindest jede Muschelart, deren Schalen es an den Strand treibt. Das bringt eine gewisse Erwartungshaltung mit sich, wenn man das erste Mal nach Jahren wieder den Strand betritt. An der Nordsee erwartet man Herzmuscheln, Miesmuscheln, Kammmuscheln und, wenn man Glück hat, auch mal das Gehäuse einer Wellhornschnecke. Seit einiger Zeit ist aber die Nordamerikanische Schwertmuschel *(Ensis americanus)* dominant – sie wurde erstmalig 1978 in der Deutschen Bucht beobachtet, wobei die Larven wohl durch das Ballastwasser von Frachtschiffen aus Nordamerika dorthin gelangt waren. Sie breitete sich rasch aus, erreichte die Niederlande und Dänemark schon vier Jahre später, Frankreich 1986 und kurz darauf auch den Englischen Kanal und Norwegen. Sie hat sich überall auf sandigem Untergrund massiv ausgebreitet. Einerseits scheint sie keinen direkten Einfluss auf andere Arten zu haben und diese zu verdrängen, ihre scharfen Kanten und ihr Lebensraum im flachen Wasser können aber zu Verletzungen bei Badenden und zu Schäden an Fischernetzen führen.

An normalen Tagen im Sommer findet man recht viele Schwertmuschelschalen am Strand, bis zu eineinhalb Zentimeter breit und bis zu zwanzig Zentimeter lang. In diesem Februar war es anders.

An langen Abschnitten des zwanzig Kilometer langen Strandes konnte man nicht bis zum Wasser vordringen, ohne zumindest eine kleine Bergsteigübung vorzunehmen – bis zu einem halben Meter hoch hatte sich ein mehrere Meter breiter Wall der Nordamerikanischen Schwertmuscheln aufgetürmt. Abertausende Tonnen toter Meeresbiomasse. Ein ungewöhnliches Ereignis – ein sehr kalter Winter – war auf ein anderes getroffen: die Massenverbreitung der Muschel in der Nordsee. Sie hatte sich zwar an die Bedingungen in der Nordsee angepasst, aber die Anpassung hatte Grenzen, was die kalten Temperaturen betrifft, und somit war die Muschel im Winter massenweise abgestorben. Der Anwesenheit der Schwertmuschel in der Nordsee hat dies keinen Abbruch getan – sie ist dort weiterhin sehr weit verbreitet. Aber es zeigt auch die Schwierigkeit für einzelne verschleppte Arten, sich anzusiedeln. Die Möwen waren in diesem kalten Winter die Profiteure. Einen so reich gedeckten Tisch am Strand, mit Hunderttausenden toter Muscheln, haben sie selten. Für mich war es enttäuschend, denn ich hatte gehofft, im Winter am Strand auch einmal ungewöhnlichere Muscheln zu finden. Aber in der Masse des eingebürgerten Neulings war dies einfach kein Vergnügen. Man sah schlicht den Strand vor lauten Schwertmuscheln nicht.

Einwanderer zu Tausenden, als blinde Passagiere oder als Ausbrecher

Im Ballastwasser von Schiffen, also genau so, wie auch die Schwertmuschel ins Watt kam, finden sich jährlich Hunderte, wenn nicht Tausende verschiedene blinde Passagiere, die am Ankunftsort einfach ins Meer gepumpt werden. Für die meisten von ihnen bedeutet spätestens dies den sicheren Tod, da sie mit der neuen Umgebung nicht zurechtkommen. Nur ein Bruchteil schafft es, in der neuen Umwelt eine Weile zu überleben, noch viel wenigeren gelingt es, sich zu vermehren und dauerhaft anzusiedeln. Daher müsste der Umfang solcher Ansiedlungen eigentlich gering sein. Wenn man aber sieht, wie viele Arten es geschafft haben, sich in einer neuen Umgebung zu etablieren, bekommt man erst einen Eindruck davon, wie viele jedes Jahr wohl ankommen müssen – und die Umsiedlung nicht überleben.

Forscherinnen und Forscher haben für Europa eine Liste erstellt, welche Arten sich etabliert haben – und welche die „Schlimmsten" davon sind. Die Datenbank des sogenannten DAISIE-Projektes listet über 11 500 eingewanderte Arten auf. In Deutschland sind es knapp 1900.

Zu den hundert „schlimmsten" Einwanderern in Europa, die das DAISIE-Projekt aufgrund ihrer großen ökologischen wie auch gesundheitlichen und ökonomischen Schäden ermittelt hat, zählt auch die Nordamerikanische Schwertmuschel. Ein weiterer prominenter Vertreter ist die Beifuß-Ambrosie *(Ambrosia artemisiifolia)*, eine einjährige Pflanze, die sich seit einigen Jahren auch in Deutschland verbreitet und deren Pollen eine sehr große allergene Wirkung haben. Sie wurde (und wird) vor allem durch im Ausland produziertes Vogelfutter eingeschleppt. Auf der Seite der Säugetiere breitet sich der Amerikanische Mink *(Mustela vison)*, ausgebrochen aus Pelzfarmen, immer weiter aus. Gleiches geschieht mit dem Waschbär *(Procyon lotor)*, der sich, ausgehend von ein paar nach dem Zweiten Weltkrieg in Hessen ausgesetzten Exemplaren, immer weiter verbreitet und durch das Ausrauben von Nestern Vogelarten wie den Uhu gefährdet, ganz zu schweigen von dem Chaos, den eine Waschbärfamilie anrichten kann, wenn sie sich auf einem Dachboden häuslich einrichtet. In der Jagdsaison 2011/2012 wurden in Deutschland über 71 000

Waschbären erlegt. Die Tendenz ist seit Jahren stark steigend. Der Gesamtbestand in Deutschland wird auf über 500 000 Tiere geschätzt.

Eine Berechnung von europäischen Experten um Marianne Kettunen zeigt, dass allein in Europa Schäden und Kosten von zwölf Milliarden Euro pro Jahr durch eingeschleppte Arten entstehen – konservativ gerechnet. Denn: Sind Arten einmal angesiedelt, ist es häufig unmöglich, sie wieder komplett aus einem Ökosystem zu verdrängen. Pflanzenarten können lange als Samen überdauern und müssen deshalb über viele Jahre bekämpft werden, invasive Tierarten sind nicht nur mobil, sondern passen sich häufig sehr gut den Gegebenheiten an.

Und da sind dann ja auch noch wir, die wir immer wieder zur weiteren Verbreitung beitragen können – jeder von uns. Sei es, dass wir ungereinigtes Vogelfutter kaufen, das mit etwas Pech rund ums Vogelhaus zur Ausbreitung der Ambrosie führen kann. Oder sei es durch eine einfache Autobahnfahrt. Denn jeder, der regelmäßig auf der Autobahn fährt, trägt zur Ausbreitung einer der erfolgreichsten invasiven Pflanzen in Deutschland bei. Manchem ist das vielleicht schon aufgefallen: An den Rändern vieler Autobahnen vor allem im Westen Deutschlands gibt es seit einigen Jahren im Spätsommer eine schöne gelbe Blütenpracht, und im ersten Moment mag man denken, es handele sich um Raps. Die Pflanze kommt aber von weit her. Das Schmalblättrige Greiskraut *(Senecio ineaquidens)* ist eine Pionierpflanze aus Südafrika und kam vermutlich erstmals bereits in den 1890er-Jahren per Schiff mit Wollimporten nach Europa. In den 1970er-Jahren breitete es sich von Belgien bis ins Ruhrgebiet und darüber hinaus aus. Standorte waren zumeist Häfen und Bahngleise, zunehmend aber auch Straßenränder. Durch die lange Blüh- und Fruchtphase von Juni bis zum Wintereinbruch mit dem ersten Frost werden große Mengen Samen produziert. In den 1990er-Jahren wurde das Greiskraut durch den zunehmenden Verkehr von Westen in die neuen Bundesländer gebracht. Die Pflanze ist also ein echter „Wendegewinnler" und zeigt, wie auch die Natur durch den Eisernen Vorhang beeinflusst worden ist. Und auch in den Küstendünen der Nordsee kommt diese Art zunehmend vor – gänzlich ohne Autoverkehr. Was zeigt, wie vielfältig die Verbreitungsmöglichkeiten für Pflanzenarten in Deutschland sind. Vielleicht kam sie durch Heuimporte vom Festland auf die Inseln, wo Heu zum Beispiel regelmäßig genutzt wird, um Wege in den Dünen abzudecken.

Das Schmalblättrige Greiskraut ist giftig, wie auch verwandte heimische Greiskrautarten. Da wir unsere Nahrungsmittel allerdings nicht an Straßenrändern anbauen, ist die Gefahr einer Vergiftung für den Menschen derzeit gering. In der Heimatregion der Art in Südafrika, wo die Pflanze auch in Äckern wächst, stellt dies aber ein Problem dar, und in Südfrankreich, wohin das Greiskraut ebenfalls eingewandert ist, wächst es auch in Wiesen. Wenn sich die Art noch weiter anpasst, könnte sie zu einem echten Problem werden. Auch weil sie, wie bei eingewanderten Arten vielfach der Fall, nur wenige Fressfeinde hat und obendrein recht robust ist gegen Bekämpfungsmaßnahmen wie Mahd und Herbizid-Einsatz.

Bisher verdrängt das Greiskraut noch keine einheimischen Arten, wenn es aber mit seiner Dominanz an Straßenrändern andere Flächen wie Wiesen und Dünen erobert, kann es sich zu einem Problem entwickeln.

Riesenschlangen und hüpfende Karpfen – Nordamerika hat da ein paar Probleme

Während in Europa, sieht man einmal von der hohen Zahl der Einwanderer ab, die Schwierigkeiten mit eingewanderten Arten noch vergleichsweise überschaubar sind, gibt es in vielen Regionen der Erde massive Probleme. Australien mit seiner Kaninchenplage und der Ausbreitung der giftigen Aga-Kröte ist ein gutes Beispiel, ebenso Neuseeland, wo das Einschleppen zahlreicher europäischer Arten viele Ökosysteme massiv verändert hat und vor allem viele Vogelarten aussterben ließ.

Aktuell gibt es in Nordamerika zwei Arten, die zu einem extremen Problem werden. Zunächst einmal geht es um ein „Haustier", das nicht jedermanns Sache ist: der aus dem tropischen Südostasien stammende Dunkle Tigerpython (*Python bivittatus*) – ein in den gesamten USA beliebtes exotisches Tier. In ihren Heimatländern wird sie zu Nahrungszwecken und zur Schlangenlederproduktion massiv verfolgt und befindet sich mittlerweile auf der Roten Liste der bedrohten Arten. Ihre Beliebtheit als Haustier trägt dazu bei.

Allerdings ist es mit dem Haustier Riesenschlange so eine Sache: Sie wird größer und größer, im Falle des Tigerpython bis zu 6,5 Meter Länge bei siebzig Kilogramm Gewicht. Daher wurden einige der Tiere irgendwann ausgesetzt oder entkamen schlicht Reptilienhändlern und -haltern. Im warmen, tropischen Florida konnten sie das überleben und sich seit 1979 etablieren und fortpflanzen. In den letzten Jahren ist es zu einer rasanten Vermehrung und Ausbreitung gekommen, 2007 wurde der Bestand auf über 30 000 Tiere geschätzt. Biologen gehen davon aus, dass sich die Schlange auch nach Georgia und Louisiana ausbreiten kann. Die Schlangen stellen ein immer größeres Problem für die einheimische Tierwelt dar, sogar den in den Everglades in Florida dominierenden Alligatoren machen sie Konkurrenz um deren Nahrungsressourcen. Eine aktuelle Studie amerikanischer Forscher um Michael Dorcas kommt 2012 zu dem Schluss, dass die Schlange erhebliche Auswirkungen auf die Säugetiere in den Everglades hat. Hierfür fuhr man in den Jahren 2003 bis 2011 nachts 56 Kilometer Straßen ab und verglich die Sichtungen von einheimischen Säugetieren mit denen vergleichbarer Aktionen in den 1990er-Jahren. Die Ergebnisse sind bemerkenswert. Die Anzahl der Waschbär-Sichtungen ging um 99 Prozent zurück, die der Opossums um 98 Prozent. Hasen konnten überhaupt nicht mehr beobachtet werden. Ferner waren die genannten Arten dort häufiger, wo erst kürzlich die ersten Schlangen beobachtet worden waren, was einen direkten Zusammenhang nahelegt.

Auch kam es schon zu vereinzelten Opfern unter Menschen. In den letzten Jahren sind aus Florida sieben Todesfälle durch Pythons dokumentiert, meist kamen Schlangenbesitzer bei der unprofessionellen Handhabung der Tiere zu Tode, aber es starb auch ein zweijähriges Mädchen, das im Schlaf von einem entflohenen Python getötet wurde.

Zu bekämpfen ist die Schlange nur schwer, da sie sich in den Everglades-Sümpfen sehr gut verstecken kann. Ein Senator aus Florida schlug 2007 im Kongress vor, ein Importverbot für die Schlangen zu verhängen, aber der Widerstand von Zoohändlern, Züchtern und Reptilienfans war erwartungsgemäß groß. Die Schlangen billig aus Vietnam oder Thailand zu importieren und teuer zu verkaufen ist einfach ein viel zu lukratives Geschäft, obwohl man die Tiere mittlerweile sehr gut züchten und damit die Nachfrage befriedigen könnte. 2011 hat die US-Regierung ein Handelsverbot erlassen – aber nur für den Tigerpython, nicht etwa für deren südamerikanisches Pendant, die Boa constrictor. Sie könnte an anderer Stelle ähnliche Schäden anrichten, wie Experten in den USA sagen.

Ohnehin mag dies kaum etwas gegen die schon in Freiheit befindlichen Tiere ausrichten. Deswegen hat man Ende 2012 nun eine Kampagne gestartet und ein Kopfgeld auf die Schlangen angesetzt – ähnlich wie es das schon in früheren Zeiten für Ratten und andere Tiere in Mitteleuropa gegeben hat. Der „Python Challenge 2013“ klingt wie ein Golfturnier, soll aber zunächst die Aufmerksamkeit für das Problem verstärken und Menschen animieren, die Tiere aus der Natur zu sammeln – vom 12. Januar

2013 bis zum Stichtag am 1. Februar 2013 waren es zunächst gerade einmal 41 Tiere, die so gefangen wurden. Dem tüchtigsten Fänger winkt ein Preisgeld von 1500 US-Dollar, für die längste Schlange gibt es 1000 US-Dollar. Dass solche Aktionen zu einer Ausrottung führen werden, ist eher unwahrscheinlich. Und so ist der Tigerpython ein Paradebeispiel für den manchmal so ambivalenten Umgang des Menschen mit der Natur. Die Nachfrage nach exotischen Haustieren kann mitunter eine Bedrohung der Schlange in ihrem natürlichen Lebensraum noch verstärken, die durch die regionale Nutzung als Nahrungs- und Schlangenleder-Ressource ohnehin schon stark gefährdet ist. Als Folge ist sie dort an manchen Orten schon ausgerottet. Auf der andere Seite der Welt wird der ursprüngliche Zweck, die Haustierhaltung, irgendwann eher lästig und man setzt die Tiere aus – mit erheblichen Konsequenzen für die regionale Tierwelt und auch für den Menschen.

Ein ähnliches Problem gibt es mit einem anderen asiatischen Einwanderer in den USA. Diesmal geht es nicht um ein Haustier, sondern um den Import einer „Reinigungskraft". Marmor- und Silberkarpfen *(Hypophthalmichthys nobilis* und *molitrix)* wurden in den 1970er-Jahren von Fischfarmern im Süden der USA importiert. Da sie sich von Algen ernähren, wurden sie eingesetzt, um Fischteiche davon frei zu halten, was auch gut gelang. In den 1990er-Jahren entkamen aber bei einer Überflutung einige Exemplare aus den Teichen, vermehrten sich rasch und begannen, sich über den Mississippi und dessen Nebenflüsse nach Norden auszubreiten. Die Karpfen können bis zu 1,20 Meter lang werden und vierzig Kilogramm schwer. Um so groß zu werden, fressen sie täglich etwa vierzig Prozent ihres Gewichtes an Plankton – Nahrung, die für die einheimischen Fische nicht mehr zur Verfügung steht. Sie haben keine natürlichen Feinde, und so stellen sie zum Beispiel im Illinois River bereits neunzig Prozent der gesamten Fischbiomasse.

Nun kommt es zu einem weiteren großen Problem. Dass Flusssystem des Mississippi, in dem sich die Karpfen ausgebreitet haben, ist durch Kanäle mit den großen Seen der USA verbunden, das sogenannte Chicago Area Waterway System. Solche Kanäle sind beliebte und äußerst effektive Routen für die Ausbreitung von invasiven Arten, um von einem Flusssystem ins andere zu gelangen, was natürlicherweise gar nicht möglich wäre. So hat etwa auch der Rhein-Main-Donau-Kanal als Verbindung der zwei größten mitteleuropäischen Flusssysteme bereits einigen Arten den Weg vom einen ins andere Flusssystem ermöglicht.

In den USA sind die Karpfen inzwischen schon kurz vor den Großen Seen angekommen, die durch die Kanäle in Chicago unnatürlicherweise mit dem Mississippi in Verbindung stehen. Die Bedenken sind daher groß, dass die Fische auch dort das Ökosystem umstülpen, indem sie sich zum dominierenden Planktonfresser entwickeln. Zwar hatte man schon 2002 in einem zum Lake Michigan führenden Kanal eine Sperre errichtet, aber es sieht nicht so aus, als würde das helfen. Genetische Spuren der Karpfen wurden bereits in den Seen ausgemacht, wenn auch der direkte Nachweis noch aussteht. Naturschützer und Fischerei fordern, dass der Warenverkehr über die Kanäle stärker eingeschränkt und die Kanäle gar geschlossen werden. Aber angesichts von Tausenden Tonnen an Waren, die auf diesem Weg jährlich transportiert werden, erscheint dies als unwahrscheinlich. Auch hier stehen starke Interessen dahinter, die Wege der Ausbreitung einer solchen Art nicht weiter zu beschränken. Trotzdem wurde ein eigenes Komitee gegründet, das die Invasion des asiatischen Karpfens in die Seen verhindert soll, das „Asian Carp Regional Coordination Committee". Es hat im Jahr 2012 einen neuen, detaillierten Plan aufgestellt, um die Ansiedlung des Karpfens in den Seen zu verhindern. 22 Behörden sind daran beteiligt, von der Stadt Chicago über acht Bundesstaaten bis hin zu diversen Bundesbehörden.

Dabei sind die asiatischen Karpfen bei Weitem nicht die ersten Neuankömmlinge in den großen Seen. Auf einer Website der Umweltschutzagentur der USA (EPA) werden 25 Fischarten aufgeführt, die seit 1800 neu in die Seen gelangt sind. Die Zebramuschel kam 1988 an und macht nun große Probleme, da sie zum Beispiel die Zuläufe von Kraftwerken zusetzt – sie ist in dieser Hinsicht schon fast ein weltweites Problem. Aber auch Krebstiere sind eingewandert, zuletzt der „Fischhaken"-Wasserfloh *(Bythotrephes cederstroemi)*, der ebenfalls das Nahrungsnetz in den Seen verändern könnte. Und auch bei den Pflanzen an den Seeufern gibt es zahlreiche Einwanderer, darunter einige aus Europa wie das Gemeine Riedgras *(Pragmites australis)*, das Rohrglanzgras *(Phalaris arundinacea)* und der Froschbiss *(Hydrocharis morsus-ranae)*. Sie verändern die Biotope an den Ufern und beeinträchtigen damit die dort lebenden Arten, behindern aber auch den Bade- und Bootstourismus. Eine Datenbank aller bisher erfassten Arten nennt derzeit 182 Arten. Mehr als vierzig Prozent haben sich nach 1960 angesiedelt, man kann also sagen, dass etwa ein bis zwei neue Arten pro Jahr dazukommen. Und viele davon kommen einem aus Europa bekannt vor – entweder, weil sie hier heimisch sind, ober weil sie auch hier eingeschleppt wurden und sich ausbreiten.

Alles in allem haben die Bundesstaaten rund um die Großen Seen in den Jahren 2009 und 2010 allein 26,7 Millionen US-Dollar für die Bekämpfung von aquatischen invasiven Arten ausgegeben, davon allein 900 000 US-Dollar, um die Kontrolle der asiatischen Karpfen sicherzustellen. Aber das ist noch recht wenig, schaut man sich Berechnungen für die ganzen Vereinigten Staaten an. So kostet der Kampf gegen die ungeliebten Einwanderer die US-Steuerzahler jährlich 100 Milliarden Dollar, wie Gregory Ruiz vom Smithsonian-Umweltinstitut in Washington vorrechnet. Der Ökologe David Pimentel und Kollegen haben im Jahr 2005 berechnet, dass die Kosten für die USA, Großbritannien, Australien, Südafrika, Indien und Brasilien bei etwa 314 Milliarden US-Dollar liegen. Umgerechnet auf die Einwohner bedeutet das Kosten von 240 US-Dollar pro Kopf und Jahr. Nimmt man ähnliche Kosten weltweit an, wobei die Schäden durch invasive Arten von Region zu Region sehr unterschiedlich ausfallen, liegen die Gesamtkosten bei 1,4 Billionen US-Dollar, was in etwa fünf Prozent des weltweiten Bruttosozialproduktes entspricht.

Die genannten Beispiele zeigen, dass die Ursachen vielfältig sind, häufig eben auch ökonomischer Natur. Und gerade dieser Umstand macht es schwierig, diese Ursachen effektiv zu bekämpfen, etwa wenn es um den freien Handel und seine weltweiten Handelsströme geht – sei es, dass die betreffenden Arten bewusst gehandelt, sei es, dass Arten unbeabsichtigt eingeschleppt werden, wie viele Arten in den Großen Seen, die durch Ballastwasser in den Schiffen dorthin kommen. Letztendlich aber sind invasive Arten und der Schaden, den sie anrichten, zum größten Teil unbeabsichtigt. Zwar werden immer wieder Arten bewusst eingeführt, wie die asiatischen Karpfen, um eine bestimmte Funktion zu erfüllen. Beispiele hierfür gibt es unzählige, so etwa die schon erwähnte giftige Aga-Kröte (*Bufo marinus*) in Australien, die in den 1930er-Jahren eingeführt wurde, um schädliche Käfer in Zuckerrohrfeldern zu bekämpfen, weil dies angeblich bereits in Puerto Rico und Hawaii, wo man die Kröte ebenfalls zu diesen Zweck eingeführt hatte, erfolgreich gewesen sei, was sich allerdings später als falsch erwies. Heute ist die Kröte in ganz Ostaustralien verbreitet und schädigt die einheimische Fauna massiv, da sie zum einen andere Tierarten, vor allem Amphibien, stark dezimiert, zum anderen durch ihr Gift zu zahlreichen Todesfällen unter potenziellen Fressfeinden sorgt, die schlicht als Art noch nicht die Erfahrung gemacht haben, dass man Aga-Kröten meiden sollte und sich beim Fressen einer Kröte vergiften kann.

Anderen Arten erging es ähnlich. Sie wurden zu einem bestimmten Zweck eingeführt und machten sich dann ein Stück weit selbständig. In Deutschland ist dies zum Beispiel der Riesen-Bärenklau *(Heracleum mantegazzianum)*, der als Bienenweide aus dem Kaukasus kommend angepflanzt wurde und sich lokal stark ausbreitete. Kommt man mit dem Saft der Pflanze in Berührung, kann dies durch chemische Reaktionen an der Sonne zu starken Verbrennungen führen. Einige der über 10 000 fremden Arten in Europa, die das europaweite DAISIE-Projekt in seiner Datenbank auflistet, sind solche Arten, die sich von dem eigentlichen Zweck ihrer Einführung entfremdet haben. Das Indikatorsystem des Bundesamtes für Naturschutz listet für Deutschland insgesamt 1149 eingewanderte Tierarten auf, von denen 264 fest etabliert sind.

Bei den größten „invasiven" Arten in Europa und auf der ganzen Welt verhält sich dies aber ganz anders. Sie dienen weiterhin dem Zweck, für den sie eingeführt wurden: der Ernährung des Menschen. Sie prägen mit dieser Serviceleistung für den Menschen mehr als alles andere unsere natürliche Umgebung ...

Flächig mehr werden – die wundersame Vermehrung von Brot, Reis und Bioethanol

Das Wunder der Brotvermehrung durch Jesus Christus ist eines der wesentlichen Gleichnisse in der Bibel im Markus-Evangelium. Im Grunde fasst es nichts anderes zusammen als einen zentralen Erfolg der menschlichen Kultur der letzten 10 000 Jahre: statt als Jäger und Sammler immer auf der Suche nach Nahrung zu sein, sein eigenes Essen anzubauen und dafür die Kräfte der Natur an einem Ort zentral nutzbar zu machen – durch die Landwirtschaft. Nach heutiger Erkenntnis entstand sie vor ca. 10 000 bis 12 000 Jahren im fruchtbaren Halbmond, einem Gebiet, das sich vom Mittelmeer aus nach Osten nördlich der Syrischen Wüste bis hinein in den heutigen Iran erstreckt. Dort waren die Bedingungen besonders gut, da sich viele Pflanzen- wie Tierarten zur Domestikation eigneten. So gab es etwa zahlreiche Grasarten mit vergleichsweise schweren Samen in der Gegend, wie Jared Diamond in seinem Buch „Arm und Reich. Die Schicksale menschlicher Gesellschaften" darlegt. Damit waren ihre Sammlung und Zucht attraktiv, und allmählich überwogen die Vorteile des Sesshaft-Werdens und der Pflege dieser ausgesuchten Arten die des reinen Sammelns und Jagens.

Aber bereits in dieser Zeit begann die Nutzung der dritten wesentlichen Komponente der Biologischen Vielfalt – der genetischen Vielfalt innerhalb von Arten. Die Selektion nach Eigenschaften, etwa der Eigenschaft einzelner Pflanzen, ihre Samen nach der Reife nicht einfach zu Boden fallen zu lassen, oder auch ihre Resistenz gegen Schädlinge, führte im Laufe von Jahrhunderten und Jahrtausenden zur Entwicklung der zentralen Sorten an Nutzpflanzen und -tieren. Dabei blieb aber bis ins 20. Jahrhundert hinein noch eine hohe Sortenvielfalt erhalten.

Schaut man in Kataloge von großen Samenzuchtfirmen des späten 19. Jahrhunderts wie etwa der Firma Benary aus Erfurt, so verblüfft die Formen- und Farbenvielfalt von Kohl-, Karotten-, Bohnen- und Zwiebelarten. Doch die Gründung solcher Firmen, die professionell die Weiterentwicklung von Arten betrieben, eine Aufgabe, die vorher noch vielfach verteilt, auf etlichen Höfen und Betrieben bewältigt wurde, bereitete auch den Weg zur heute bekannten Intensivzucht, die mit großem wissenschaftlichem Aufwand die Sorten immer weiter hin auf bestimmte Eigenschaften optimierte. Es verwundert kaum, dass Firmen wie Benary im 19. Jahrhundert bereits weltweit tätig waren. Mit der Folge einer zunehmenden Konzentration auf wenige Sorten und deren weitere Verbesserung auf wenige Eigenschaften hin. Ganz obenan standen Schädlingsresistenz, Fruchtgröße und bei Gemüsesorten die Haltbarkeit nach der Ernte. Die Frage des individuellen und vielfältigen Geschmacks etwa fiel dabei tendenziell außer Acht, es ging vielmehr um Zuverlässigkeit bei Aufwuchs und eine hohe Haltbarkeit der Früchte und damit um die Sicherung von Ernte und Umsatz.

Mit der zunehmenden Spezialisierung in der Zucht wuchs aber noch die Bedeutung einer weiteren genetischen Eigenschaft. Manche Kreuzungen von Arten tendierten und tendieren in den direkt auf die Elterngeneration folgenden Generationen wieder zur Aufspaltung von Eigenschaften. Das heißt, vermeintlich schlechte Eigenschaften konnten (und können) zurückkehren. Mit der Konsequenz, dass zur weiteren Samengewinnung immer wieder neu gekreuzt werden musste, was für den einzelnen Landwirt oder Gärtner erhebliche Probleme mit sich brachte. Denn anstatt eigenes Saatgut aus einer Ernte zu gewinnen, musste er das Saatgut immer wieder neu vom Züchter kaufen. Da die Züchtung aufwändig ist und es viel weniger Zuchtbetriebe als Gärtnereien und landwirtschaftliche Betreibe gab und gibt, führte dies zwangsläufig zu einer massiven Reduzierung der verfügbaren Sorten, und gerade regionale Sorten, die spezielle Eigenschaften hatten und an das jeweilige Klima angepasst waren, wurden nicht mehr angebaut und gingen verloren.

Die Spezialisierung in der Pflanzenzucht hatte nach dem Zweiten Weltkrieg zur Folge, dass über Gesetze und später die EU-weiten Saatgutverordnungen die Regelungen noch weiter verschärft wurden, sodass nur speziell zugelassene Sorten gezüchtet werden durften. Ein Handel mit „alten" Sorten, die zahlreiche Kleinbetriebe und Gärtner noch vermehrten und damit erhielten, wurde immer schwieriger, denn deren offizielle Zulassung ist für solche kleinen Betriebe viel zu teuer. Lange kämpften Gärtnereien daher gegen diese aus ihrer Sicht unzumutbare Einschränkung ihrer Arbeit. Nach mehreren Jahrzehnten der Unklarheit wurde erst 2009 durch das Europäische Parlament eine

Ausnahmegenehmigung für kleine Betriebe mit einem vereinfachten Genehmigungsverfahren eingerichtet. Im Juli 2012 entschied der Europäische Gerichtshof, dass solchen Betrieben der Verkauf ihres Saatgutes auch aus nicht zugelassenen Sorten erlaubt sein muss, auch bei einer großen Vielfalt im Angebot. Interessanterweise hatte nicht etwa ein kleiner Betrieb geklagt, sondern ein industrieller Großbetrieb, der die Ausnahmeregelung nicht akzeptieren wollte. Die Begründung der Ausnahme in der Verordnung liegt dabei explizit nicht in der Erhaltung von Produktionsleistung in den Sorten, sondern in der Erhaltung der genetischen Vielfalt der Arten. Die Ausnahmeregelung von 2009 ist in der deutschen Saatgutverordnung allerdings noch gar nicht umgesetzt. Auch ist der Vertrieb räumlich regional beschränkt, die Masse des vertriebenen Saatgutes liegt also weiterhin bei den Großanbietern, ganz im Sinne der Produktivität. Quantitätssicherung durch Spezialisierung gegen Qualitätssicherung durch Vielfalt, könnte man sagen.

Diese Fokussierung auf die Quantität in der Dienstleistung Nahrungsmittelproduktion durch die Natur dominiert die Landwirtschaft seit vielen Jahrzehnten. Noch in den 1950er- und 1960er-Jahren war es ungleich mühsamer als heutzutage, landwirtschaftliche Produkte herzustellen. Durch die Kombination von maschinellem Einsatz, Düngemitteln und optimiertem Saatgut haben wir es geschafft, eine enorme Effizienz in Ackerbau und Viehzucht zu entwickeln.

Wer sich das einmal bewusst machen will, auch ohne den Einsatz von Traktor, Kunstdünger und Pestizide zu berücksichtigen, dem sei ein Blick auf die Einsaat weniger Körner Weizen auf dem Balkon empfohlen: Ein Korn bringt mit etwas Pflege in Form von Wasser und ein wenig Nährstoffen zwischen zwanzig und vierzig Körner in einer Ähre (bei einer bis drei Ähren pro Pflanze) zustande, in unserer optimierten Landwirtschaft sind das bei einem Einsatz von ca. 200 Kilogramm Weizensamen pro Hektar ein Ernteertrag von bis zu 8000 Kilogramm pro Hektar, also eine Vermehrung um das Vierzigfache. Wir haben damit die Produktionsleistung des Ökosystems zu unserer direkten Nutzung nahezu perfekt optimiert (Steigerungen sind immer noch möglich, versteht sich).

Wobei Optimierung in den meisten Fällen heißt: Konzentration auf die eine Dienstleistung der Natur, nämlich viel Nahrungsmittel auf wenig Fläche zu erzeugen. Andere Leistungen treten auf diesen Flächen zwangsläufig zurück, eine sich frei entwickelnde Natur ohnehin. Und doch haben einige wenige Pflanzen- und Tierarten davon unglaublich profitiert. Sie sind die Gewinner einer eingegangenen Symbiose mit dem Menschen. So basieren laut der Welternährungsorganisation FAO 75 Prozent unserer Nahrung auf gerade einmal zwölf Pflanzen. Führend sind dabei Weizen, Mais, Reis, Kartoffel und Soja – und das bei ca. 16000 Pflanzen, die als Nahrungsmittel geeignet wären. Die Produktion von Mais liegt bei ca. 750 Millionen Tonnen pro Jahr weltweit, bei Reis und Weizen sind es ca. 650 Millionen. Die Kartoffel schafft es auf ca. 320 Millionen und die Sojabohne, mit stark steigender Tendenz, auf 260 Millionen. Übertroffen werden diese Feldfrüchte in der Produktion nur noch durch das Zuckerrohr mit 1700 Millionen Tonnen. Dieses wird aber zu großen Teilen für die Herstellung von Treibstoff genutzt, weniger für die Produktion von Zucker als Nahrungsmittel.

Bei insgesamt ca. 270000 Pflanzenarten weltweit bedeutet das eine enorme Reduktion von Möglichkeiten – und ein klares Signal, wer die Gewinner sind: Mais wurde laut FAO im Jahr 2010 auf 162 Millionen Hektar angebaut, im Jahr 2000 waren es noch 137 Millionen, im Jahr 1965 106 Millionen, eine Zunahme seit 1965 um 65 Prozent. In den EU-Staaten waren es 2010 8,1 Millionen Hektar, davon entfielen 464000 Hektar auf Deutschland.

Dies sind für Deutschland allerdings nur die Zahlen für den Körnermais. Hier sind die Anbauflächen über die letzten Jahre hinweg recht konstant geblieben. Anders sieht es beim Silomais oder Grünmais aus, wo nicht nur die Körner im Sinne eines Getreides, sondern die ganzen Pflanzen für das Futtersilo oder die Biomassenutzung geerntet werden. Lag hier die Anbaufläche im Jahr 2005 noch bei zusätzlichen 1,26 Millionen Hektar, so waren dies im Jahr 2011 laut Statistischem Bundesamt schon 2,04 Millionen Hektar. Eine Zunahme von sechzig Prozent in nur sechs Jahren. Bei einer Gesamtfläche des Ackerlandes in Deutschland von etwa 11,8 Millionen Hektar sind also mehr als 25 Prozent der Anbaufläche dem Mais gewidmet. Der Weizen dominiert hier noch mit fast 3,2 Millionen Hektar und damit etwa 27 Prozent, aber sein Anteil stagniert, der des Maises steigt vermutlich weiter, denn die Massengewinnung von Biomasse für die Energieerzeugung gewinnt enorm an Bedeutung, wobei hier die zentrale Eigenschaft von Mais gegenüber unseren heimischen Getreidearten zum Tragen kommt. Als „C4-Pflanze“ verfügt Mais über einen anderen, produktiveren Metabolismus und braucht weniger Wasser für die Produktion von derselben Menge Biomasse, auch wenn er dafür mehr Sonnenenergie benötigt. Dies ist ein Vorteil vor allem in trockenen und sonnenreichen Regionen.

Vom Grundgedanken der Evolution her, dass jede Art das Ziel hat, ihr Überleben oder das Fortdauern ihrer Gene zu sichern, gehört der Mais mit zu den erfolgreichsten Arten der Welt. Dies gelang aber vornehmlich durch das Eingehen einer Art Symbiose mit dem Menschen, der durch diese Bevorzugung seine Ernährung sicherstellen kann. Durch diesen enormen Erfolg hat sich der Mais zur co-dominierenden Pflanze dieses Planeten entwickelt, auch wenn die Abhängigkeit von Menschen bedeutet, dass der Mais ohne das menschliche Zutun kaum noch existieren könnte. Denn die meisten Maispflanzen, die heutzutage angebaut werden, wären gar nicht in der Lage, in einer nicht speziell für den Mais bewirtschafteten Umwelt zu gedeihen. Dafür wären wieder andere Anpassungen notwendig, wie sie einer der oben beschriebenen eingewanderten Arten durchaus gelungen sind.

Für den Menschen hat dies auch einen Preis, wie der amerikanische Autor Michael Pollan in seinem Buch „Das Omnivoren-Dilemma“ sehr anschaulich beschreibt: Ein immer größerer Teil unserer Ernährung basiert auf nur sehr wenigen Pflanzen, in Nordamerika zuallererst Mais. Man isst ihn nicht nur direkt, sondern die Pommes Frites werden in Maisöl frittiert, das Brötchen wird mit Maismehl gebacken, und etliche Zusatzstoffe werden ebenfalls aus Maiskörnern und -keimen gewonnen. Und nicht zuletzt werden die Rinder des Hamburgers mit Mais gemästet – auch wenn sie eigentlich Grasfresser sind.

Die tierischen Gewinner – dank Soja

Wenn man sich den tierischen Gewinnern der Landwirtschaft nähern will, gerät neben dem Mais als Ernährungsbasis für Rinder, Schweine und Hühner noch eine weitere Pflanze in den Blickpunkt, die ähnlich wie der Mais als C4-Pflanze eine besondere Eigenschaft hat: die Sojabohne. Wie Bohne und Erbse gehört Soja zur Familie der Hülsenfrüchtler oder Leguminosen. Wie manch andere Pflanzenfamilien auch haben Leguminosen eine besondere Fähigkeit entwickelt, um ein knappes Gut für das Pflanzenwachstum, den Stickstoff, für sich zu gewinnen.

Leguminosen gehen in ihren Wurzelknöllchen eine Symbiose mit Pilzen ein, die die Fähigkeit besitzen, Stickstoff aus der Luft zu binden. Dafür werden die Pilze von den Pflanzen mit Kohlenhydraten versorgt. Lange war der zwischenzeitliche Anbau von Leguminosen der beste Weg, um landwirtschaftliche Flächen mit Stickstoff zu versorgen, erst die breite Einführung von Kunstdünger machte dies überflüssig. In der ökologischen Landwirtschaft hat der Leguminosen-Anbau diese Rolle wieder aufgegriffen.

Neben dieser Leistung von Leguminosen sind die Pflanzen aber auch als Zwischenprodukt in der Landwirtschaft von zentraler Bedeutung. Pflanzen und Samen von Leguminosen haben meist einen hohen Gehalt an Eiweiß, Vitaminen und Mineralstoffen und sind daher als Viehfutter von besonderer Bedeutung. Die Sojabohne ist dabei besonders relevant, sie enthält bis zu 34 Prozent an Protein.

Die Soja-Anbaufläche wächst von allen Anbauflächen am stärksten und betrug im Jahr 2010 102,4 Millionen Hektar weltweit. 1990 lag die Fläche erst bei der Hälfte, 1965 bei einem Viertel. Das hat aber weniger damit zu tun, dass die weltweite Nachfrage nach Tofu und anderen Sojaprodukten für den direkten Verzehr steigt, vielmehr ist es der Hunger der Menschheit nach Fleisch, der diese Entwicklung vorantreibt. Denn genauso, wie wir die Produktion von einigen wenigen Pflanzen immer weiter optimiert haben, verlangt auch die optimierte Tierhaltung nach Effizienz, und das heißt vor allem, die Nahrung der Tiere muss so energiereich wie möglich sein, um die Mastzeit, so weit es geht, zu verkürzen.

Schätzungsweise fünfzehn Milliarden Stück Geflügel, 1,3 Milliarden Rinder und 920 Millionen Schweine weltweit sind das Ergebnis. So wird geschätzt, dass allein ein Drittel der Getreideproduktion pro Jahr für die Fütterung von Tieren genutzt wird. Der „lange Schatten des Viehs", wie der Bericht die Auswirkungen dieser sich entwickelnden Landwirtschaft nennt, ist in der Tat – sehr lang:

- Die intensive Landwirtschaft in den Industrieländern belastet die Umwelt mit Nährstoffen, hat einen hohen Energiebedarf und macht einen breiten Einsatz von Antibiotika nötig, was zu Resistenzbildungen von Krankheitserregern gegenüber den Mitteln führen kann.
- Die extensive Haltung von Vieh in den Trockengebieten der Erde führt häufig zu einer Überlastung der Produktionsfähig-

keit dieser Gebiete und unterstützt damit eine Versteppung oder gar die Wüstenbildung.

- Die Produktion einer Tonne Fleisch verbraucht zwischen 4000 (beim Huhn) und 16 000 Kubikmeter (beim Rind) Wasser.
- Der Ausstoß von Lachgas und Methan durch Wiederkäuer fördert direkt den Klimawandel, ebenso die Emissionen aus ihren Ausscheidungen.

Der Bericht der FAO kommt hier zu dem Schluss, dass die Viehhaltung insgesamt – mit ihren vielen Auswirkungen auf die Umwelt – zu den fünf wichtigsten Treibern der globalen Umweltzerstörung gehört und damit auch die Biodiversität massiv beeinträchtigt, einerseits durch den durch sie unterstützten Klimawandel, vor allem aber durch die Zerstörung natürlicher Lebensräume auf Kosten von Viehweiden oder Anbauflächen von Futtermitteln, wobei Soja an vorderster Front steht. Nicht zuletzt sind Nutztiere, die sich frei in der Landschaft bewegen oder später verwildern – z. B. Schweine, Rinder, Schafe oder Ziegen –, auch invasive Arten: Sie konkurrieren mit anderen, einheimischen Pflanzenfressern um die Ressourcen und zerstören unter Umständen empfindliche Ökosysteme. Vor allem auf Inseln, wo solche Tiere als Fleischressource eingeführt wurden, sind die Auswirkungen auf die örtliche Fauna und Flora erheblich.

Auch das Mehr hat Grenzen – vor allem in der Fläche

Deutschland als schon weitgehend „ausgenutztes Land“ zeigt, dass es ein sehr einfaches Problem bei der Nutzung für die Landwirtschaft gibt: die Fläche. Über die letzten zwanzig Jahre hat die landwirtschaftlich genutzte Fläche konstant abgenommen, vor allem zugunsten bebauter Fläche. Von 1993 bis 2011, also in achtzehn Jahren, nahm die Agrarfläche in Deutschland von 17,2 Millionen Hektar auf 16,7 Millionen Hektar ab. Und dabei hat das

Ackerland (11,84 Millionen Hektar) gegenüber dem Grünland (4,65 Millionen Hektar) konstant an Boden gewonnen, was aus verschiedener Hinsicht ein Problem ist. Wiesenflächen sind tendenziell artenreicher, aber auch nachhaltiger in der Erbringung von Dienstleistungen für den Menschen. Die Bodenerosion auf Grünland ist deutlich geringer, und im Boden wird mehr Kohlenstoff gespeichert als in Ackerböden.

Angesichts solch großer Dimensionen von Millionen von Hektar macht man sich kaum klar, um welche Flächen es dabei geht. Um die Zahl besser fassbar werden zu lassen, greift man gerne auf Indikatoren zurück, also Zahlen, die einen bestimmten Zustand oder Trend anzeigen, der letztendlich darauf schließen lässt, ob die Maßnahmen der Politik auf ein Ziel hin erfolgreich sind. Für den Flächenverbrauch durch Siedlungen und Verkehrswege, also versiegelte Flächen durch Baumaßnahmen, hat man entsprechend die Fläche hergenommen, die in Deutschland pro Tag neu versiegelt wird. Das kann das große Einkaufszentrum auf der grünen Wiese sein oder das neue Wohngebiet. Nicht unwichtig sind aber auch die Verkehrswege, zum Beispiel der dreispurige Ausbau einer bestehenden Autobahn oder die neue Umgehungsstraße einer Landstraße. Es betrifft aber auch im Kleinen den zweiten Autostellplatz im eigenen Garten, den man pflastert, oder die „Nachverdichtung" in der Stadt, wo in größere grüne Höfe noch weitere Wohngebäude eingebaut werden. Was aber bedeutet das in ganz Deutschland pro Tag? Um es in der üblichen Einheit auszudrücken: Derzeit geht es je nach Konjunkturlage um zwischen 156 und 250 Fußballplätze an täglicher Neuversiegelung. Neu angelegte Fußballplätze gehören im Übrigen mit zu diesen Flächen. Ein Fußballplatz ist dabei mit einem halben Hektar angesetzt, die jährliche Versiegelung schwankt also im Laufe der letzten Jahre zwischen 125 Hektar (Hochkonjunktur im Jahr 2004) und 78 Hektar im Jahr 2009 (wo die Finanzkrise erstmals zugeschlagen hatte). Bei einem Mittelwert über die letzten Jahre von 94 Hektar pro Tag werden jährlich 34 310 Hektar – oder das Doppelte an Fußballplätzen – in Deutschland versiegelt. Dies entspricht einer Fläche so groß wie ein Drittel Berlins.

Der Anteil an Verkehrsflächen liegt seit vielen Jahren recht konstant bei etwa 22 Hektar Zunahme pro Tag, stark zugenommen haben in den letzten zehn Jahren die Erholungsflächen und Friedhöfe, während vor allem die Gebäudebebauung inklusive Betriebsflächen über die Jahre hinweg betrachtet zwischen zwanzig und fünfzig Hektar pro Tag schwankt. Alles in allem zeigt sich zwar ein leicht abnehmender Trend, aber bei einem wirtschaftlichen Aufschwung kann sich dies schnell wieder ändern.

Das vor einigen Jahren in der Nachhaltigkeitsstrategie der Bundesregierung festgelegte Ziel liegt deutlich unter den derzeitigen 94 Hektar – nämlich bei dreißig Hektar, die im Jahr 2020 erreicht sein sollen. Dahin ist es noch ein weiter Weg – aber ein lohnender, um ein weiteres Schwinden landwirtschaftlicher Flächen zu vermeiden, denn trotz all den großen Mengen, die in der Landwirtschaft in Deutschland produziert werden, ist jeder Deutsche mit seinem Konsum weiterhin ein Importeur von landwirtschaftlicher Biomasse aus dem Ausland.

Für jeden Einzelnen von uns gilt das direkt, wenn wir an Kaffee, Tee, Ananas, Kiwis oder auch nur Kartoffeln aus Nordafrika denken. Insgesamt, so geht aus einem Gutachten der Nationalen Akademie der Wissenschaften Leopoldina hervor, gehen neunzig Prozent der in Deutschland erzeugten Biomasse von Feldern und Wiesen (insgesamt ca. 53 Millionen Tonnen jährlich) in unsere Nahrungsmittel, in Tierfutter und in die industrielle Produktion. Hinzu kommen aber nochmals etwa dreißig Prozent dieser Menge aus Importen. Kaffee, Tee oder die Ananas machen dabei relativ wenig aus, den Großteil bildet Soja und dient der Tierfütterung und damit unserem Fleischkonsum. Unserer Landnutzung pro Kopf übersteigt damit deutlich die Fläche, die wir dafür in Deutschland eigentlich zur Verfügung haben.

Fläche bekommt damit eine völlig neue Bedeutung in der Umweltdiskussion: Wie erhalten wir möglichst viele Leistungen aus der vorhandenen Fläche der Erde – und wie entscheiden wir, welche Nutzung wo Vorrang hat? Wie viel braucht der primäre Sektor zur Nahrungsmittelerzeugung, wie viel die Energieerzeugung für alle Sektoren? Und wie viel bleibt allein der Biodiversität in Form von Schutzgebieten vorbehalten? Der erste Impuls einer planenden Gesellschaft ist hier, Flächennutzungen zuzuweisen. In Deutschland geschieht das schon lange in Form der Landschaftsplanung und durch detaillierte Flächennutzungspläne. Darin werden Nutzungen zumeist schlicht flächig getrennt. Natur aber ist, auch in ihren Serviceleistungen für den Menschen, multifunktional. Dies zu berücksichtigen wird zunehmend wichtiger werden, allein schon zur Erhaltung unserer Gesundheit.

Mehr-Werden im Windschatten – Schädlinge, Parasiten, Viren und Allergene

Im Windschatten der vielen skizzierten Veränderungen des Mehr- und Weniger-Werdens breiten sich auch die Facetten einer Vielfalt aus, die unserem Wohlergehen und dem der von uns geförderten Organismen – ob Pflanze, ob Tier – wiederum abträglich sind. Im Sinne der Ökosystemdienstleistungen könnte man hier von Missleistungen (englisch: disservices) sprechen. Wie bei invasiven Arten sind diese Missleistungen zumeist ungewollte Nebeneffekte von erwünschten Leistungen. So ist die massive Ausbreitung von Pflanzenschädlingen oder von Krankheitserregern bei Zuchttieren vielfach eine schlichte Konsequenz aus deren Intensivnutzung. Und folglich gerät deren Bekämpfung wiederum zu einem wichtigen Wirtschaftsfaktor, der das ökonomische Wachstum steigert. Antibiotika sind in der Tiermast heute eine Selbstverständlichkeit, ebenso der Einsatz diverser chemischer Pflanzenschutzmittel – doch dazu später mehr. Und trotzdem vermögen es gerade Viren, Bakterien und Mikroorganismen, dieser Bekämpfung immer wieder ein Schnippchen zu schlagen, da sie genetisch enorm anpassungsfähig sind. Manche lassen sich daher effektiver mit ökologischen Mitteln bekämpfen, wie etwa bei der Schädlingsbekämpfung im ökologischen Landbau, wo auf die regulierenden Leistungen von Nützlingen gesetzt wird. Auch dies ist mittlerweile ein Geschäft – denn anstatt sich der chemische Lösung mit Spritzmitteln zu bedienen, kann man sich heutzutage auch Florfliegen oder Marienkäferlarven als lebende Blattlausbekämpfer in den Garten holen – einfach durch Bestellung im Internet.

Ist die „Fehlleistung" der Natur hier noch durch Natur bekämpfbar, kann sie in anderen Fällen auch erhebliche Auswirkungen haben, etwa auf die Gesundheit. So hängt die Vielfalt an Krankheitserregern, die auch dem Menschen gefährlich werden können, global gesehen zunächst direkt mit der Artenvielfalt von Säugetieren und Vögeln zusammen, da Erreger von diesen Tiergruppen relativ leicht auf den Menschen überspringen können – die Vogelgrippe-Epidemie von 2006 ist ein Beispiel dafür. Durch ein immer stärkeres Eindringen der Menschen in deren Lebensräume und einen stärkeren Kontakt zu den Tieren, etwa auch durch die Jagd, vermutet man auch steigende Risiken von Infektionen mit neuen und gefährlichen Erregern.

So dringen aufgrund des Klimawandels und möglicher Einbringung durch die weltweiten Handelsströme zunehmend Mückenarten nach Deutschland, die normalerweise nur im Mittelmeerraum oder in den Tropen vorkommen und als Überträger gefährlicher Krankheiten bekannt sind. Die asiatische Tigermücke *(Aedes albopictus)* etwa ist zunehmend in Mittelmeerländern und auch schon in Deutschland anzutreffen. Nach Europa gelangt sie durch den Import gebrauchter Autoreifen, in denen sich kleine Wasserlachen halten, die den Eiern das Überleben ermöglichen. Die asiatische Tigermücke kann das Dengue-Virus und zahlreiche anderen Viren übertragen, weswegen wieder verstärkt Monitoring-Maßnahmen für Mücken in Europa nötig werden, eine Tätigkeit, die man Mitte des 20. Jahrhunderts eingestellt hatte, weil es gelungen war, die Malariamücke weitgehend auszurotten. Doch auch die könnte im Zuge des Klimawandels irgendwann wieder nach Europa kommen.

Ein anderes Beispiel mit potenziell enormen Kosten ist die schon erwähnte Beifußblättrige Ambrosie *(Ambrosia artemisiifolia)*, die aus Nordamerika stammt und schon lange in verschiedene Regionen in Europa eingeschleppt worden ist. Nach Deutschland gelangte sie vermutlich verstärkt ausgerechnet durch Naturfreunde – denn viele Samenmischungen für die Vogelfütterung, aber auch Saatmischungen für den Landschaftsbau waren und sind mit Ambrosien-Samen verunreinigt. Das Problem der Pflanze ist weniger ihre Ausbreitung und die mögliche Gefährdung einheimischer Arten als vielmehr ihr enormes allergenes Potenzial. Hinzu kommt, dass die Ambrosie erst im Spätsommer und Herbst blüht und damit die Leidenszeit für Pollenallergiker über die Blütezeit der einheimischen Allergie-verursachenden Pflanzen wie Gräser, Birke und Hasel hinaus noch weiter verlängert. Ökonomen am Helmholtz-Zentrum für Umweltforschung haben zusammen mit Gesundheitsforschern aus München im Jahr 2012 berechnet, was es bedeuten könnte, wenn sich die Ambrosie weiter ausbreiten würde. Die Kosten könnten sich auf 200 000 Millionen bis eine Milliarde Euro belaufen – pro Jahr. Dies errechnet sich aus den möglichen wachsenden Behandlungskosten der Allergiker, die um zehn bis 25 Prozent steigen könnten, was jährlichen Mehrkosten von ca. 1300 bis 2100 Euro pro Patient entspräche. Auch wenn es sich hier nur um grobe Schätzungen aufgrund einer Stichprobe von Betroffenen handelt, zeigt sich doch, wie schnell ein Mehr einer invasiven Art zu hohen Kosten führen kann. In Ungarn etwa, wo die Beifuß-Ambrosie schon fast flächendeckend verbreitet ist, ist seit einigen Jahren etwa ein Zehntel der gesamten Bevölkerung gegen die Pollen sensibilisiert. In der Schweiz gibt es bereits strenge Regelungen, die jeden Grundstücksbesitzer verpflichten, einen Fund der Pflanze zu melden und sie zu vernichten. Dort gibt es online eine Bestimmungshilfe, um auch als Nichtbotaniker festzustellen, ob man eine Ambrosie in seinem Garten hat. Diese Melde- und Vernichtungspflicht hat die Bestände in den letzten Jahren erheblich zurückgehen lassen. In Deutschland ist die Situation noch wesentlich schwieriger. In Brandenburg und Berlin, dem derzeitigen Hauptverbreitungsgebiet, treten immer wieder größere Bestände auf. In Berlin existiert eine „Ambrosie-Patrouille", die Straßen und Brachflächen nach den Pflanzen absucht. Doch es gibt ein Problem. Werden Pflanzen auf einem privaten Gelände entdeckt, kann das nur gemeldet werden. Das Gelände zu betreten, um die Pflanze zu vernichten, ist nicht erlaubt. Aber immerhin kann sich jeder aktiv an der Suche beteiligen und Funde beim Aktionsprogramm gegen Ambrosia der Freien Universität Berlin melden. Befinden sich die Funde im öffentlichen Raum, werden sie vernichtet.

Die Beispiele von Krankheitserregern und gefährlichen eingeschleppten Arten wie der Ambrosie zeigen, wie sehr das Mehr-Werden von Teilen der Natur nicht nur positiv auf den Menschen wirkt, sondern wie wenig es überhaupt gesteuert wird, häufig unterliegen diese Prozesse nicht unserer Kontrolle. Mit Folgen nicht nur für die Natur, sondern auch für unsere Gesundheit und die Wirtschaft. Was wir jedoch als Missleistungen der Natur für den Menschen wahrnehmen, hat seinen Grund zumeist im Menschen selbst. Ein logischer Schritt des menschlichen Umgangs mit der Natur ist dann, solchen und anderen negativen Folgen mit menschlichem Erfindergeist zu begegnen und der Natur ein Schnippchen zu schlagen – indem wir das „Künstliche" in die Natur Einzug halten lassen.

Ein Mehr an Künstlichem und seine Auswirkungen – Dauerhaftes im negativem Sinne

Grundsätzlich schätzen wir unser Essen sehr – hinsichtlich der Qualität ebenso wie der Quantität. Deswegen bemüht sich der Mensch schon seit sehr langer Zeit, seine Nahrungsmittel gegen die oben genannten Mitesser zu schützen. Die moderne Landwirtschaft macht es nötig, diese Mitesser meist chemisch zu bekämpfen. Heute sind allein in Deutschland ca. 250 Wirkstoffe und 1900 Präparate zugelassen, auf europäische Ebene sind es rund 800 Wirkstoffe und 20000 Präparate – auch hier herrscht also eine sehr große Vielfalt. In Deutschland wurden im Jahr 2010 über 97000 Tonnen an Pestiziden produziert, davon gingen 66000 Tonnen in den Export, die Nutzung in Deutschland liegt bei ca. 35000 Tonnen, in der gesamten EU bei ca. 100000. Die Auswirkungen sind vielfältig, nicht allein auf die Zielorganismen, sondern auch auf „nützliche" Arten, wie das Beispiel der Bienen zeigt. Aber auch die indirekten Effekte nehmen eher weiter zu als ab. Vor fünfzig Jahren, im Jahr 1962, veröffentlichte Rachel Carson mit „Der stumme Frühling" das vielleicht einflussreichste Buch zum Thema Umweltbedingungen, in dem sie eindrucksvoll die verschiedenen Effekte von Pflanzenschutzmitteln und anderen Umweltgiften auf die Natur schilderte, sei es die schleichende Vergiftung in der Nahrungskette, seien es die direkten Auswirkungen auf einzelne Arten, etwa die Effekte des mittlerweile in Europa und den USA verbotenen DDT auf die Weißkopfseeadler, deren Eierschalen so dünn wurden, dass die Eier beim Bebrüten zerbrachen.

Waren früher die direkten Schädigungen an der Natur vielfach sichtbar und Rückstände häufig nachweisbar, haben sich heute die Gefahren verschoben. So gelten in Europa sehr strenge Richtlinien, viele besonders schädliche Produkte mussten vom Markt genommen werden, in anderen Regionen der Welt werden sie aber vielfach weiterhin genutzt. So ist DDT in etlichen tropischen Ländern weiterhin intensiv in Gebrauch, um die Anopheles-Mücken als Hauptüberträger der Malaria unter Kontrolle zu halten.

In Europa kommen neue Probleme zum Vorschein: Konnte man bislang mit der Angabe und Kontrolle von Höchstkonzentrationen einzelner Schutzmittel etwaige Schäden vermeiden, zeigt sich inzwischen mehr und mehr, dass auch geringe Konzentrationen Auswirkungen auf Tiere und Pflanzenpopulationen haben, wenn mehrere Mittel miteinander kombiniert werden. Das erschwert die Erfassung dieser Mittel und eine Gefahrenanalyse zunehmend.

Hinzu kommt auch die Allgegenwart von chemisch produzierten Stoffen in der Umwelt. Im Grundwasser vieler Städte und ihren Flüssen lassen sich immer mehr Arzneimittel nachweisen, so etwa Rückstände von Beta-Blockern und Anti-Baby-Pillen. Darunter befinden sich auch hormonell wirksame Stoffe, also Stoffe, die in den Stoffwechsel der Organismen eingreifen und etwa zu einer reduzierten Fortpflanzungsrate führen.

Diesen sehr speziellen Vergiftungen von Tieren und Pflanzen (und auch vielfach des Menschen) steht aber eine noch viel breitere Vergiftung ganzer Regionen entgegen.

Sieht man einmal ab von den direkten Verschmutzungen der Umwelt durch die Industrie – Stichwort Waldschäden und tote Flüsse –, geht die größte weltweite Verschmutzung auf eine Erfindung aus dem Jahr 1910 zurück. Zuvor war mehr und mehr klar geworden, dass man den steigenden Bedarf an Nahrungsmitteln aus dem Ackerbau nicht würde decken können, wäre man nicht in der Lage, mehr Stickstoff für die Felder verfügbar zu machen. Stickstoff war der limitierende Faktor des Pflanzenwachstums, die Pflanzen brauchen ihn, um Photosynthese zu betreiben und damit besser zu wachsen. Im Gegensatz zu den meisten anderen Elementen wird Stickstoff aber nur in sehr geringem

Maße durch die Bodenbildung, sondern vor allem durch organische Substanz in den Boden eingebracht.

Stickstoff-Zufuhr auf die Felder wurde daher bis in diese Zeit nur durch die Einbringung von Tiermist und Knochenmehl, den Zwischenanbau von Stickstoff-bindenden Leguminosen, und später durch den Import von Vogelguano sichergestellt. Dieses Angebot reichte aber nicht, um den steigenden Bedarf zu decken. 1910 entwickelten die Wissenschaftler Fritz Haber und Carl Bosch bei der Firma BASF das nach ihnen benannte Haber-Bosch-Verfahren zur Herstellung von Ammoniak, einem wichtigen Düngemittelgrundstoff, aus Luftstickstoff und Wasserstoff. Beide bekamen dafür in verschiedenen Jahren den Chemie-Nobelpreis. Heute wird ein Großteil der weltweiten Ammoniakproduktion von 100 Millionen Tonnen durch das Haber-Bosch-Verfahren hergestellt, das energetisch sehr aufwändig ist: Es werden Drücke von über 250 Bar und Temperaturen von mehr als 450°C benötigt. Man schätzt, dass über ein Prozent des weltweiten Energieverbrauches in das Haber-Bosch-Verfahren fließt.

Durch die breite und preiswerte Verfügbarkeit von Stickstoff-Kunstdünger haben wir heute eine weltweite Überdüngung – nicht nur der Äcker und Wiesen, sondern auch fast aller anderen Ökosysteme. In einer natürlichen Umwelt liegen die Einträge von Stickstoff in Ökosystemen durch physikalische und biologische Prozesse bei etwa zehn bis zwanzig Kilogramm pro Hektar und Jahr. Darauf sind die Ökosysteme eingestellt. In Mitteleuropa liegen diese Einträge allerdings mittlerweile beim Zehn- bis Zwanzigfachen oder noch höher. Neben den Einträgen aus der Landwirtschaft spielen auch die Einträge aus Abgasen vor allem des Verkehrs eine erhebliche Rolle. Konzentrieren sich diese Belastungen heute noch auf Europa bis zum Ural, die USA und kleinere Regionen Asiens, erwartet man für das Jahr 2050 eine massive Ausweitung des Phänomens vor allem in Südamerika und Asien, und dort insbesondere in China und Indien.

Die Effekte können wir in Europa bereits seit Jahrzehnten beobachten: Flüsse und Meere, vor allem Nord- und Ostsee, leider unter einer massiven Überdüngung. So kommt es in den Meeren zu verstärkten Algenblüten, d.h. einer massiven Vermehrung von kleinen Algen, die, je nach Art, auch Giftstoffe produzieren und somit Tiere und den Menschen gefährden. Seit den 1990er-Jahren treten im Wattenmeer vermehrt großflächige sogenannte „Todeszonen" auf – Wattflächen, auf denen fast alles Leben abgestorben ist, da bei der Zersetzung der Algen aller Sauerstoff im Wattboden aufgebraucht wird.

Im Golf von Mexiko, dort, wo der Mississippi seine Nährstofffracht aus den USA ablädt, sind solche Zonen seit den 1980ern jedes Jahr zu beobachten. Im Jahr 2002 war die Zone ca. 22 000 Quadratkilometer groß – so groß wie der Bundesstaat Massachusetts. Ein Bericht aus dem Jahr 2010 stellt fest, dass das Problem mittlerweile in fast 170 Küstenregionen auf der ganzen Welt bekannt ist. Während die ökologischen Folgen dieser Flächen noch weiter erforscht werden müssen, ist die Auswirkung der Überdüngung an Land und in Flüssen und Seen hinlänglich bekannt. Ökosysteme, die von Natur aus arm an Nährstoffen sind und Lebensraum für daran angepasste Arten bieten, werden immer seltener. Entsprechend sind diese Arten häufig stark in ihrem Vorkommen dezimiert und auf den Roten Listen gefährdeter Arten wiederzufinden. Ein bekanntes Beispiel ist die „bunte Blumenwiese", die viele von uns noch aus der zweiten Hälfte des 20. Jahrhunderts kennen, die aber immer mehr durch wuchsstarke Arten nach Düngung verdrängt wurden. Viele Wiesen sind daher nur noch im Frühling „bunt", wenn der Löwenzahn blüht, danach dominieren Gräser das Bild, nicht zuletzt, weil sie die mit der Düngung einhergehende drei- bis fünfmalige Mahd im Jahr verkraften können.

Von unzähligen Flüssen und Seen ist bekannt, dass sie aufgrund der Nährstofffrachten „umkippen", d.h. ähnlich wie die

Todeszonen in den Meeren durch einen starken Algenwuchs und die folgende Verrottung zu sauerstofffreien Zonen wurden, und dass darin ganze Fischpopulationen ausstarben. In Deutschland mag dieses Bild selten geworden sein, da die massive Investition in Klärwerke seit den 1970er-Jahren zu einer deutlichen Verbesserung geführt hat, aber weltweit ist es weiterhin ein großes Problem.

Mit der flächendeckenden Düngung und dem intensiven Pestizideinsatz wird landwirtschaftliche Produktion erhalten oder erst möglich gemacht. Gleichzeitig bedroht diese aber die Vielfalt der Leistungen, die die Natur erbringt – und die Vielfalt der Arten.

Wieder mehr werden – Aufwand für seltsame Papageien und andere seltene Tiere

In den zuvor genannten Aspekten des Mehr-Werdens spiegelt sich auch immer ein Weniger-Werden in der Natur wider, zumeist bei Arten und Populationen, oder auch der von Menschen entwickelten und jetzt wieder in der Bedeutungslosigkeit verschwindenden Vielfalt an Nutzpflanzen und -tieren. Natürlich ist es nicht so, dass der Mensch diesen Verlust an Arten und Ökosystemen einfach so hinnimmt. Vielfach werden Maßnahmen ergriffen, um den Effekt der intensiven Naturnutzung und der Beschränkung etwa auf die Produktionsleistung einer Agrarlandschaft abzumildern oder ganz zu verhindern. Naturschutzrecht, Landschaftsplanung und auch die Agrarpolitik versuchen dies in Deutschland mit einem breiten Instrumentarium, wenn auch mit sehr unterschiedlichem Erfolg.

Zu den bemerkenswertesten Erfolgen kommt es in jenen ganz besonderen Fällen, in denen die Naturverbundenheit des Menschen zu einem enormen Einsatz von Mitteln führt, um das

Überleben einer Art mit nur noch wenigen Individuen sicherzustellen. Beispiele hierfür finden sich vielfach auf Inseln. Wenn es etwa um seltene Vögel geht, fällt einem zuerst Neuseeland ein. Dort gab es mit den Moas die größten Laufvögel der Welt, die in mehreren Arten aber bereits im 15. Jahrhundert, noch vor der Ankunft der Europäer also, durch die Maori ausgerottet wurden. Genauso gibt es dort die Kiwis und den Kakapo, den womöglich bekanntesten Vogel, den ein enormer Aufwand an Geldmitteln und persönlichem Einsatz vieler Naturschützer und Biologen vorerst vor dem Aussterben bewahrt hat. Bekannt geworden sind der Kakapo und seine Geschichte durch eins der beeindruckendsten Bücher über das Artensterben durch den Menschen, das Buch „Die Letzten ihrer Art", das der Science-Fiction-Autor Douglas Adams zusammen mit dem Zoologen Mark Carwardine im Jahr 1990 verfasste. Die beiden Autoren berichten, wie sie einige wenige der seltensten und bedrohtesten Arten der Zeit besuchten – oder dies zumindest versuchten. Den chinesischen Flussdelfin des Jangtse, den Baiji, konnten sie schon nicht mehr in Freiheit entdecken und sahen nur das einzige Individuum, das in einem Aquarium lebte. Heute gilt der Baiji als ausgestorben. Ähnlich sah es zu der Zeit für den Kakapo aus. Er ist der einzige flugunfähige Papagei der Welt und mehrere Kilogramm schwer. Vor der Einschleppung von Ratten, Katzen, Mardern und anderen Feinden lebte er in ganz Neuseeland. Da er aber über eine äußert langsame Vermehrung verfügt – die Weibchen brüten nur in Jahren mit guter Nahrungsversorgung und ziehen dann zumeist auch nur ein Junges pro Jahr groß –, war der Bestand in ganz Neuseeland nach der Besiedlung durch die Europäer rapide gesunken. Bereits Ende des 19. Jahrhunderts gab es erste Versuche, die schwindenden Bestände zu schützen und durch Umsiedlung auf kleine Inseln zu erhalten. Aber immer wieder waren dort auch Feinde vorhanden, etwa Katzen, oder diese kamen später durch Besiedlung hinzu, sodass alle Programme erfolglos blieben. Erst

1989 wurde systematisch ein Kakapo-Erholungsplan erarbeitet und umgesetzt. Zu diesem Zeitpunkt gab es auf zwei kleinen Inseln gerade einmal noch fünfzig Individuen, davon neunzehn Weibchen. Mit enormem Aufwand und ständiger Betreuung ist es bis heute gelungen, die Anzahl der Kakapos wieder auf 127 Tiere zu erhöhen, aber es wird auch auf den kleinen Inseln noch einer langen Zeit intensiver Betreuung durch den Menschen bedürfen, bis der Bestand gesichert ist. Eine Wiederansiedlung auf dem Festland erscheint aufgrund der vielfältigen Gefahren durch Raubtiere kaum möglich.

Ein noch spektakuläreres Beispiel für eine solche Erholung ist einem kleinen, spatzengroßen Vogel zuzuschreiben, von dem 1980 gerade einmal fünf Exemplare lebten, dem Chatham-Schnäpper. Die Chatham-Inseln liegen über 600 Kilometer östlich von Neuseeland und wurden früh durch die Moriori, ein polynesisches Volk, und später von den Europäern besiedelt. Wie auch auf den Hauptinseln Neuseelands gibt es zahlreiche, nur dort vorkommende Tier- und Pflanzenarten, die durch eingeschleppte Arten vielfach bedroht und ausgerottet wurden. So sind von den achtzehn ursprünglich nur dort vorkommenden Vogelarten bereits dreizehn ausgestorben, darunter eine Enten-, eine Pinguin- und eine Raben-Art. Noch erhalten sind eine Kormoran- und eine Sturmvogelart – und eben der Chatham-Schnäpper. Er hatte auf einer kleinen Insel überlebt, und nur noch ein Pärchen konnte erfolgreich brüten. Dem Weibchen, „Old Blue“ genannt, wurde nach ihrem Tod sogar eine Gedenktafel gewidmet, als Retterin ihrer Art. Alle heute lebenden Chatham-Schnäpper, es handelt sich um ca. 260 Tiere, stammen von diesem einen Weibchen ab. Im Gegensatz zum Kakapo können sich die Schnäpper als Singvögel schneller selbst erholen und bilden heute auf zwei kleinen Inseln (einen bzw. zwei Quadratkilometer groß) sich selbst erhaltende Populationen, wobei allerdings stets darauf geachtet werden muss, dass keine Räuber wie Ratten oder

Mäuse auf diese Inseln eingeschleppt werden. Das langfristige Ziel ist, auf einer der Inseln die ursprünglichen Wälder, deren Zerstörung auch ein Grund für den Rückgang der Art war, wiederherzustellen und darin mehrere selbständige Populationen des Schnäppers zu etablieren. Aber viele Gefahren bleiben bestehen. Ein einziger Sturm, der beide Inseln trifft, könnte den Bestand enorm gefährden. Auch hat sich der Gemeine Star, ebenfalls durch den Menschen eingeführt, auf die beiden Refugien des Schnäppers ausgebreitet und konkurriert um Nistplätze, er könnte aber auch Krankheiten übertragen, denen die Schnäpper bisher nicht begegnet sind und die sie möglicherweise schnell dezimieren. Hierbei könnte auch eine Rolle spielen, dass die genetische Vielfalt so enorm reduziert ist – alle lebenden Exemplare stammen ja nur von einem Weibchen ab.

Auch bei uns befinden sich manche Arten dank intensiver Betreuung und flächenhaftem Schutz wieder auf dem aufsteigenden Ast. Dabei geht es bei uns meist nicht um so charismatische Tiere wie den Kakapo oder eher unscheinbare wie den Chatham-Schnäpper, sondern häufig um Arten, die der Mensch bewusst dezimiert oder gar ausgerottet hat, weil sie eine Gefahr oder noch mehr eine Konkurrenz um eine Ressource in der Natur darstellten. Zur ersten Kategorie gehörte der Biber. Er wurde lange wegen seines dichten Fells, aber auch zum Fleischverzehr gejagt. Der Biber galt wegen seines Schwanzes als „Fisch" und durfte daher in der Fastenzeit gegessen werden. Brehm schreibt in seinem „Thierleben" von 1865: „Der große Nutzen, welchen der Biber gewährt, gleicht den Schaden, welchen er anrichtet, fast aus. Man muß dabei festhalten, daß der Biber vorzugsweise unbevölkerte Gebiete bewohnt und am liebsten dünne Schößlinge von Holzarten fällt, welche rasch wieder nachwachsen. Dagegen bezahlt er mit Fell und Fleisch und mit dem Bibergeil nicht bloß den angerichteten Schaden, sondern auch alle Mühen und Beschwerden der Jagd sehr reichlich. Noch immer bildet der Bibergeil einen bedeutenden Handelsgegenstand. Vor 40 Jahren zahlte man ein Loth desselben mit einem Gulden; gegenwärtig kostet es bereits 10 Gulden und darüber." Der Bibergeil war eine Drüse, aus dessen Sekret der Biber unter anderem sein Fell einfettete. Noch heute ist die getrocknete Substanz in Apotheken erhältlich, ihr wurden lange verschiedene heilende Wirkungen nachgesagt. Da man darin aufgrund der Ernährung des Bibers durch Weidenrinde auch Salicylsäure, den Ursprungsstoff des Schmerzmittels Acetylsalicylsäure, nachgewiesen hat, existiert wahrscheinlich sogar eine gewisse gesundheitsfördernde Wirkung. Wie die steigenden Preise für Bibergeil schon zu Zeiten Brehms zeigen, war der Biber bereits damals stark im Rückgang begriffen, im 19. Jahrhundert kam er an kaum einem der mitteleuropäischen Flüsse mehr vor.

Durch intensiven Schutz, zuletzt durch die europaweite Flora-Fauna-Habitat-Richtlinie und die aktive Wiederausbreitung etwa an der Elbe und auch durch Wiederansiedlungsprogramme (teilweise mit kanadischen Bibern) breitet sich der Biber nun vor allem im Süden Deutschlands wieder stark aus und ist in allen Flächenländern Deutschlands vertreten. Der Bestand in Deutschland wird heute etwa auf 20000 Tiere geschätzt. Damit kommen aber auch alte Konflikte wieder auf, und neue gesellen sich dazu. Anders als zu Brehms Zeiten gibt es in Mitteleuropa kaum noch „unbevölkerte Gebiete", Biber untergraben daher Dämme und Fahrwege, fällen auch wertvolle Bäume an wie etwa Obstbäume und fressen im Sommer schon einmal Maispflanzen und andere Feldfrüchte in Ufernähe. Nicht zuletzt kann es durch die Biberdämme zu Überflutungsschäden in Ufernähe kommen.

Daher wird ihre Ausbreitung durch Managementpläne und sogenannte Biberberater begleitet, die die Tiere beobachten, Landwirte und die Bevölkerung aufklären und teilweise Hilfen bei finanziellen Einbußen vermitteln, sollte es doch zu Schäden kommen. Bei besonders kritischen Konflikten werden die Biber unter Umständen sogar gefangen und an anderer Stelle wieder ausgesetzt.

Ähnliche Ansätze gibt es beim europäischen Fischotter. Auch er war in Mitteleuropa fasst ausgerottet. Er wurde ebenfalls wegen seines Fells bejagt, aber auch, weil er für den Fischfang in den Binnengewässern und in Fischteichen als Konkurrent wahrgenommen wurde. Hinzu kam die starke Begradigung von Flüssen und Trockenlegung vieler Feuchtgebiete und Gewässer Anfang des 20. Jahrhunderts. Ein Zitat aus Sachsen von 1912 zeigt die Wahrnehmung des Tieres sehr deutlich: „Ob das schöne elegante Raubtier heute in Sachsen bereits so selten geworden ist, daß wir es als ‚Naturdenkmal' bezeichnen müssen, können wir wegen der versteckten Lebensweise dieses bepelzten Fischers nur schwer beurteilen. Wir wünschen natürlich nicht, daß der Fischotter spurlos von der Schaubühne des Lebens verschwinde, ... auf der anderen Seite kann aber keinem Fischereiberechtigten zugemutet werden, den gefräßigen Räuber in seinem Bezirk zu dulden." Der 1884 gegründete Sächsische Fischereiverein organisierte systematisch die Bekämpfung des Otters, etwa durch Fangprämien, Informationen zu Fangsystemen bis hin zu „Ehrentafeln" der erfolgreichsten Otterfänger. Aufnahme fand dort, wer pro Jahr mehr als drei Otter erlegt oder wer zusätzlich zu einem bis zwei Ottern noch Fischreiher gefangen hatte. Von 1885 bis 1919 wurden 654 Ottererlegungen „prämiert", allein im ersten Jahr 1885 waren es 87. Und bereits 1903 war der Bestand quasi zusammengebrochen, in diesem Jahr wurden nur noch fünfzehn Otterlegungen prämiert, in den Folgejahren nie mehr als vier.

Diese Logik schlug sich auch noch im Reichsjagdgesetz vom 3. Juli 1934 nieder, wo zwar erstmalig eine ganzjährige Schonzeit verfügt wurde, es aber gleichzeitig den Eigentümern und Pächtern von Fischteichen gestattet wurde, beim Auftreten „erheblicher Schäden" den Otter zu fangen oder zu erlegen. Nur in weiterhin recht dünn besiedelten Gebieten und solchen, die extensiver bewirtschaftet wurden, wie die Oberlausitz, konnten sich noch kleine Restbestände halten, die aber bis in die 1970er-Jahre noch weiter zurückgingen. Dann setzten in der DDR verstärkte Schutzbemühungen ein, von der Betreuung der Otterbestände bis hin zur völligen Unterschutzstellung durch die Artenschutzverordnung im Jahr 1984, sodass sich die Bestände allmählich erholten. Mittlerweile gibt es wieder größere Bestände in Sachsen, Brandenburg und Mecklenburg-Vorpommern, und man versucht, die Ausbreitung weiter zu fördern, etwa in den Mittelgebirgen entlang den Flüssen. Das größte Problem stellt dabei der Straßenverkehr dar. Jedes Jahr kommen mehrere Dutzend Tiere bei ihrer Suche nach neuen Lebensräumen auf Straßen ums Leben oder wenn sie in ihren Revieren umherstreifen. Über die Hälfte der nachgewiesenen Verluste seit 1950 ging darauf zurück. Seit Anfang der 1990er-Jahre ist dieser Anteil auf über achtzig Prozent gestiegen, da der Autoverkehr nach der Wiedervereinigung stark zugenommen hat. Kontinuierlich abgenommen hat hingegen die Bedeutung der Jagd. So wurden etwa Teichwirte, von denen Otterschäden gemeldet werden, schon in DDR-Zeiten entschädigt, um die Konflikte mit den Tieren zu minimieren und den Anreiz, die Tiere selbst zu erlegen, zu verringern. Ferner werden Gegenmaßnahmen wie die Einzäunung der Teichanlagen finanziell unterstützt, ebenso der Besatz von „Ablenkungsteichen“ mit Fischen, welchen ein Otter „abfischen“ kann.

Fischotter und Biber profitieren erheblich von einem gewissen Image, das sie als Vorzeigearten des Naturschutzes haben: Sie tragen Fell, sehen nett aus und üben mit ihrer Lebensweise auch eine gewisse Faszination auf uns aus. Im Naturschutz nennt man solche Arten „Flaggschiff-Arten“. Die hohe Bereitschaft der Menschen, sie zu erhalten, soll gleichzeitig helfen, auch ihren Lebensraum und andere darin lebende Arten schützen zu können. Bei knappen Mitteln bevorzugt der Naturschutz Maßnahmen für solche Arten, gerade auch wenn sie in den jeweiligen Roten Listen als stark bedroht angegeben werden, was verschiedene wissenschaftliche Untersuchungen belegen.

Ähnlich wie die Geschichten mancher ausgerotteter Arten wie Riesenalk oder Wandertaube zeigen die Geschichten von Biber und Fischotter ein sich veränderndes Verhältnis zwischen Mensch und Natur. Wurde die Natur in Mitteleuropa früher als Ressource oder, gerade andersherum, als Ursache der Gefährdung von Ressourcen angesehen und deswegen ausgebeutet oder bekämpft, sind die Konflikte heute anders gelagert: Nun geht es vornehmlich um den Besitzstand an der Landschaft und um deren Nutzung durch den Besitzer. Ein sich frei bewegendes Tier, das sich wenig um den Besitzstand schert, sondern um sein Überleben, passt da nicht ins Bild. Solche sogenannten Mensch-Wildtier-Konflikte nehmen einen immer größeren Raum in der Diskussion um den Naturschutz ein, denn wie schon oben beschrieben: Die Konkurrenz um Flächen und deren Ressourcen nimmt stetig zu, und um die Natur zu erhalten, wird es nicht ausreichen, sie auf Schutzgebietskonzepte zu beschränken. Gerade die Flaggschiff-Arten brauchen große Lebensräume, die sich in Mitteleuropa auch in die Kulturlandschaften hinein erstrecken müssen.

Viele Beispiele zeigen, dass ein solches Nebeneinander möglich ist, ob bei Fischotter und Biber, Seehund, Kormoran oder Kranich, auch wenn es jeweils zu spezifischen Problemen kommt, die ernst genommen werden müssen. So führt etwa die Wiederverbreitung der bis vor zwanzig Jahren stark zurückgedrängten Kegelrobbe in der Ostsee dazu, dass sich Fischer, wie schon früher, über deren Hunger und das Wegfressen von Fischbeständen beklagen.

Das eindrucksvollste Beispiel, wie ein erfolgreicher Naturschutz auch alte Konflikte wieder aufleben lässt, ist der europäische Kormoran, der vielleicht effektivste Fischjäger, den es in europäischen Gewässern gibt. Aus eben diesem Grunde war er, ähnlich wie der Fischotter, heftigst bejagt worden und in den

1950er-Jahren aus Mitteleuropa praktisch verschwunden. Das Brüten in Kolonien macht ihn besonders anfällig für die Jagd, und so wurden die letzten Kolonien in Deutschland schon in den ersten Jahrzehnten des 20. Jahrhunderts vernichtet. Von Brutkolonien in Dänemark und Polen aus begann in den 1950er-Jahren eine allmähliche Wiederbesiedlung. Durch Unterschutzstellung erholte sich der Bestand seitdem, zunächst nur ganz allmählich, dann rasanter, sodass die Bestände in Europa heute wieder auf hohem Niveau sind. Der Bestand an Brutvögeln wird in Deutschland auf 24 000 Paare geschätzt, hinzu kommen noch viele tausend Vögel, die aufgrund des begrenzten Platzes in Kolonien nicht brüten können und daher auch im Sommer umherstreifen. Durch diese wachsenden Bestände hat der Konflikt um den Kormoran, der zwischen Teichwirten, Fischern und Anglern auf der einen Seite und Naturschützern auf der anderen schwelt, wieder massiv zugenommen. Dabei ist ein Management, wie es für Fischotter und Biber entwickelt wurde und das man auch für andere Arten wie Luchs und Wolf einsetzt, für den Kormoran schwerer zu realisieren, denn als Vögel mit großen Beständen ziehen die Tiere sich im Laufe der Jahreszeit von Nord- nach Südeuropa und zurück. In der lokalen Wahrnehmung zählt aber nur die örtliche Brutkolonie, und so ist es in den letzten Jahren zunehmend zu Ausnahmegenehmigungen in manchen Regionen gekommen, wo Kormorane vergrämt oder abgeschossen wurden, um die Größe der Brutkolonien zu reduzieren und damit auch den Druck auf die Fischbestände. Dabei wird außer Acht gelassen, dass es eine Vielzahl von Kormoranen gibt, die keinen Brutplatz in den Kolonien bekommen haben und im nächsten Jahr etwaige leere Plätze einnehmen, sodass der Brutbestand trotz der Maßnahmen stabil bleibt. Der regionale Druck ändert sich also allenfalls sehr kurzfristig. Wenn man den Kormoran managen und einen Ausgleich zwischen Naturschutz und Ressourcenschutz schaffen will, braucht man einen europaweiten Managementplan, was das Europäische Parlament übrigens bereits im Jahr 2008 gefordert hat. Wie ein solcher Plan aussehen kann, ist nicht leicht zu sagen. Pauschal zu fordern, dass die Hälfte aller Kormorane in Deutschland „von der Bildfläche verschwindet", wie es der deutsche Fischereiverband 2010 formulierte, ist sicherlich eher einseitig gedacht. Eine europaweite Regelung bei unklarer Datenlage scheint allerdings weiter schwierig, und so haben die Europäische Kommission und die Mitgliedsstaaten der EU bislang wenig unternommen.

Diese Beispiele des wieder Mehr-Werdens zeigen exemplarisch, dass die Bestrebungen des Menschen, einzelne Arten zu erhalten, zugleich die beiden Seiten unserer Beziehung zur Natur widerspiegeln. Gerade in Mitteleuropa sind viele von uns bereit, die Natur um ihrer selbst willen zu schützen und im Falle einzelner charismatischer Arten durch einen großen Einsatz von Mitteln vor dem Aussterben zu bewahren. Wie beim Kakapo und vielen anderen Flaggschiff-Arten deutlich wird, funktioniert dies auch ohne Konflikte. Bei anderen Arten aber treten schnell wieder die Probleme zutage, die unsere biologische Seite produziert, indem sie die Natur zum optimalen Dienstleister für den Menschen umgestaltet und damit zu unserem Besitzstand erklärt. Fischotter und Kormoran sind zwei Beispiele aus Europa, die Liste könnte man aber weltweit beliebig erweitern, um Tiger, Elefant, Robbe, Bär und Luchs und viele, viele mehr. Der nullte Sektor unserer Wirtschaft steht hier im beständigen Konflikt vor allem mit dem primären Sektor, der Nahrung und Sicherheit für den Menschen sicherstellen soll. Das Beispiel des Fischotters zeigt aber auch, dass wir über vielfältige Möglichkeiten verfügen, solche Konflikte zu kontrollieren und sogar in einen Gewinn zu verwandeln. Meistens spielt es dabei eine Rolle, dass andere Sektoren der Wirtschaft die Funktion des primären Sektors als Einkommensquelle für den Menschen übernehmen. Der Tourismus in Nationalparks ist hier nur ein Beispiel. Aber auch die anderen

Dienstleistungen von Ökosystemen werden wieder in ihrem Wert wahrgenommen – und damit kommen wir von der Facette der Arten auch wieder zur Facette der Ökosysteme.

Wiederherstellung von Ökosystemen – was kaputt ist, leistet auch nichts

Eine triviale Erkenntnis ist die, dass etwas, was kaputt ist, nicht mehr seine volle Leistung bringt. Dies gilt für einen defekten Fernseher oder ein defektes Fahrzeug ebenso wie für ein Ökosystem. Ein Acker mit verseuchter Erde ist nutzlos im Sinne seiner Produktionsleistung für Nahrungsmittel. Ein leer gefischtes und überdüngtes Meer liefert keinen Fischerei-Ertrag. Aber auch andere Leistungen sind schnell bedroht, wenn man ihre Bedeutung großräumig missachtet, so etwa bei vielen regulierenden Dienstleistungen wie dem Überflutungs- oder Klimaschutz. Dass diese Leistungen immer weniger werden, haben wir in Kapitel drei gesehen. Gleichzeitig nimmt ihre Bedeutung aber zu, sodass man sich mehr und mehr bewusst macht, dass die Wälder der Erde eine Funktion als Kohlenstoffspeicher haben und die Auen und Deltas mit intakten Feuchtgebieten wichtig für den Hochwasserschutz sind.

Durch diese neu erkannte wirtschaftliche Bedeutung gewinnt es an Attraktivität, über die Wiederherstellung solcher Ökosysteme wieder nachzudenken und sie dort umzusetzen, wo wichtige Leistungen geliefert werden. Dabei gilt grundsätzlich, dass ein Nichtzerstören immer besser sein wird als eine spätere Wiederherstellung. Allein die Zeiträume, die es braucht, um Ökosysteme wiederherzustellen, sind teilweise enorm. Für Grünland geht man etwa von wenigen bis zu hundert Jahren aus, für Heiden von einem Zeitraum von mehr als fünfzig Jahren. Graudünen könnten bis zu 500 Jahre brauchen, und Hochmoore sind nicht unter

1000 Jahren zu haben. Und selbst dann werden, je nach Ökosystem, nicht alle Arten der ursprünglichen Systeme vorhanden sein, und auch die Dienstleistungen können anders aussehen als zuvor.

Auch die Kosten variieren entsprechend. Kann man etwa bei Grünland und Wäldern die Wiederanlage durch Saat und Pflanzung mit etwa zehn bis 2000 Euro pro Hektar recht kostengünstig gestalten, verursachen andere Systeme wie Feuchtgebiete unter Umständen hohe Kosten und eine intensive Betreuung – die Erfahrungswerte liegen hier zwischen zehn bis zu 100 000 Euro pro Hektar.

Der Mehrwert ergibt sich zumeist erst nach mehreren Jahren. Durch die langen Zeiträume der Regenerierung mag man bei manchen Leistungen der Ökosysteme, etwa bei der Wasserfilterung oder der Kohlenstoffspeicherung in Mooren, erst allmählich und über viele Jahrzehnte hinweg eine volle Leistungsfähigkeit erreichen. Andere Leistungen aber, etwa die Unterstützung des Hochwasserschutzes durch Wiederherstellung von Überflutungsflächen, können sehr kurzfristig nutzbar werden. Dabei wird die Planung solcher Maßnahmen um einiges schwieriger als bei der Fokussierung auf die Rettung einzelner Arten in einem Ökosystem. Diese treten vielleicht nur mit einer speziellen Nutzungsform wie der Fischerei in Konflikt. Bei den Regulationsleistungen der Natur aber kommen viele Nutzer ins Spiel, nicht nur der derzeitige Nutzer einer Fläche, sondern vielleicht die Nutzer der Leistung Wasserfilterung, der Leistung Hochwasserschutz oder der Leistung Erholung.

Fazit – das Mehr-Werden und seine vielen Facetten

Seit Beginn seiner Sesshaftigkeit hat der Mensch das Mehr-Werden von Natur aktiv und mit immer größerer Effizienz und Auswirkung auf den natürlich entstandenen Teil der Biodiversität betrieben. Der Mensch hat sich dabei mal mehr, mal weniger bewusst dafür entschieden, einzelne Facetten der Vielfalt der Natur zu fördern, etwa die Maispflanze, das Rind oder die Produktionsleistung des Ackerbodens. Zumeist stand dabei die Förderung des primären Wirtschaftssektors – Produktion von Nahrungsmitteln und andere Naturprodukten – im Vordergrund. Mit dem Aufstieg der anderen Wirtschaftssektoren – Industrieproduktion und Dienstleistungssektor – steigen aber auch die indirekten Auswirkungen auf die Natur als nullten Sektor. Lange war es hier möglich auszuweichen – in neue Gebiete oder auch tiefer in die Ozeane. Diese Ausdehnung stößt an ihre Grenzen, und mehr und mehr muss darüber nachgedacht werden, wie die Natur als nullter Sektor und Basis allen Wirtschaftens viele Leistungen für den Menschen gleichzeitig erfüllen kann. Dabei das Mehr und Weniger in einen Ausgleich zu bringen ist die Herausforderung. Einige Lösungsansätze wurden schon angesprochen. Und noch viele mehr liegen vor uns, wenn wir vermeiden wollen, dass die Missleistungen der Natur für den Menschen nicht gegenüber den Leistungen weiter überhandnehmen.

„Der Umgang mit der veränderlichen Natur schwankt immer zwischen Nutzen und Schützen, Eingreifen und Bewahren, Vorgang und Zustand."

WOLFGANG HABER,
DEUTSCHER LANDSCHAFTSÖKOLOGE

5. Mit einem Mehr und Weniger umgehen – das Multitasking der Natur besser nutzen

Natur zu erhalten und gleichzeitig von ihr zu leben ist bei Weitem keine einfache Sache. Oft haben sich Nutzungsmuster, die heute eine gewisse Erhaltung von Arten oder Ökosystemen sicherstellen, über lange Zeiten entwickelt und sind nicht ohne Konsequenzen für Schutz und Nutzung zu ändern. Bei Weitem aber überwiegen die Fälle, in denen Ausnutzung über Erhaltung gestellt wird und die Konsequenzen schon weithin absehbar sind. Dabei werden zumeist einzelne Leistungen der Natur in den Fokus gerückt und gefördert, die Fähigkeit der Natur zum Multitasking wird ignoriert oder gar beschnitten. Nur selten scheint es einen vergleichsweise guten Einklang – oder vielmehr Mehrklang – zwischen Eingreifen und Bewahren zu geben.

Viele Nutzungsmuster führen zu starken Eingriffen in die Natur und Verlusten im Facettenreichtum der Biodiversität. Große globale Entwicklungen spielen dabei ebenso eine Rolle wie die Wirtschaft eines Landes und die Art und Weise, wie sie mit ihrem nullten Sektor umgeht, aber auch die persönlichen Entscheidungen eines jeden wirken sich aus. Das Zusammenwirken ist verwirrend vielfältig, selbst an einer einzelnen Stelle des Planeten.

Unser vielschichtiger Umgang mit unserer wertvollsten Ressource Biodiversität führt dazu, dass Konsequenzen unseres Handelns lange nicht sichtbar werden oder recht abstrakt erscheinen. Wer denkt schon daran, dass der eigene Kaffeekonsum womöglich einen Beitrag dazu leistet, dass eine Affenart in Mittelamerika bedroht ist? Oder dass das Schiff, das den Kaffee in den Hamburger Hafen transportiert, vielleicht eine neue Muschelart im Ballasttank einschleppt, die sich in der Nordsee zu einem Problem entwickeln könnte?

Um ein wenig klarer zu sehen, hilft vielleicht ein Spaziergang an der frischen Luft: Wir stehen 500 Meter östlich des Hauptorts Juist auf der gleichnamigen Nordseeinsel an der einzigen Straße, die in ein paar Kilometern Entfernung, immer entlang von Wattwiesen und Dünen, zum kleinen Flugplatz der Insel führt. Wir schauen über die Wiesen hinweg auf das Watt, das der Miesmuschel und Abermillionen anderen Tieren und Pflanzen einen einzigartigen Lebensraum bietet und im Jahr 2011 von der UNESCO zum Weltnaturerbe erklärt wurde. Man könnte den Eindruck gewinnen, dass das Watt unberührt ist und natürlich. Aber das täuscht, denn auch hier greift der Mensch ein – durch Fischerei, das Einbringen fremder Arten wie der Pazifischen Auster, durch die massiven Einträge von Nährstoffen aus der Landwirtschaft über Rhein, Weser und andere Flüsse. Viele dieser Effekte sind von unserem Standort am Rande der Dünen aus nicht sichtbar, dafür müssten wir eine Wattwanderung unternehmen oder Statistiken aus mehreren Jahrzehnten studieren. Andere menschliche Einflüsse sehen wir aber mit dem bloßen Auge – die Windräder auf dem Festland, die Versorgungsfähren zwischen Insel und Festland, die im Sommer täglich 500 Touristen und mehr hin- und herschippern. Auch sehen wir Segelboote, für die auf Juist noch kürzlich ein neuer Yachthafen ins Watt gebaggert wurde.

Mit anderen Worten: Mit einem Blick auf das Watt sehen wir nicht nur Natur, sondern auch die vielfältigen Dienstleistungen, die sie uns bietet, von Nahrung über Energiegewinnung bis hin zu Tourismus und Erholung. Die Veränderungen für die Biodiversität zeigen sich erst auf den zweiten Blick. Immerhin hat man den Eindruck, dass sich zwischen Natur und menschlicher Kultur noch ein gewisses Miteinander oder zumindest Nebeneinander eingestellt hat.

Dieses Bild setzt sich auf den Wattwiesen fort. Eigentlich sind die Wiesen im Nationalpark Niedersächsisches Wattenmeer streng geschützt und dürfen wirtschaftlich nicht genutzt werden. Auf Juist gibt es aber großflächige Ausnahmen, denn die Insel ist weitgehend autofrei: Als Ersatz für die am Festland selbstverständliche Kraftfahrzeugmobilität gibt es hier mehrere große Fuhrbetriebe nach guter alter Art – mit vierbeinigen Pferdestärken. So schön dies für die Menschen (mal keine Autos) und so schonend es für die Natur (keine CO_2-Emissionen) sein mag, so schwierig gestaltet es sich auf einer kleinen Insel, denn die Pferde brauchen Futter und Auslauf, sie können nicht nur im Stall gehalten werden. Das ganze Futter zu importieren wäre zu teuer, deswegen ist es auf Juist – wie auch schon vor den Zeiten des Nationalparks – erlaubt, große Teile der Wattwiesen mit Pferden zu beweiden. Dies hat erhebliche Auswirkungen auf die Vegetation. Auch für die rastenden Vögel bringt dies größere Schwierigkeiten mit sich, aber sie haben sich daran gewöhnt: ein klassischer Kompromiss zwischen Nutzen und Schützen.

Wenden wir uns den Dünen zu. Vor uns liegt plötzlich ein mächtiger Holzsteg, der in die Dünen aufsteigt und einen erstklassigen Blick auf Watt und Dünen bietet. Informationstafeln informieren über die Dünenvegetation und die Vögel, die man auf den Wattwiesen beobachten kann – neben den einheimischen Arten auch die seit mehreren Jahren etablierte und ursprünglich aus Nordafrika stammende Nilgans.

Der Pfad führt quer durch die Dünenlandschaft und ist schonend über die Dünen gebaut, ohne diese allzu sehr zu beeinträchtigen. Dieser Steg ist der Beginn eines Pfades quer über die Insel, der den Namen von Otto Leege trägt. Leege kam 1882 als Lehrer nach Juist und lebte bis zu seinem Tod 1951 dort. Er war einer der ersten aktiven Naturschützer auf den Ostfriesischen Inseln und versuchte erfolgreich, die Inseln vor den Gefahren des Meeres zu sichern, etwa die Vogelinsel Memmert nahe Juist, auf der er durch Dünenbepflanzungen maßgeblich zur Sicherung der Insel beitrug. Ebenso kämpfte er als Erster für den Schutz der Vögel während der Brutzeit. Die Bejagung und das Eiersammeln waren zu Beginn des 20. Jahrhunderts noch gang und gäbe. Memmert wurde aufgrund des Engagements von Otto Leege 1907 zum ersten Vogelschutzgebiet der Nordsee.

Der Holzsteg gibt den Blick auf die sogenannten Graudünen und Dünentäler frei, die heute nicht mehr genutzt werden. So ist das Betreten der Dünen verboten, da sie zur Kernzone des Nationalparks gehören. Allerdings findet sich auch hier der Einfluss des Menschen – eingeschleppte Arten, teilweise bewusst durch den Menschen angepflanzt, sind dort zugegen, etwa das Schmalblättrige Greiskraut aus Südafrika, vor allem aber die Kartoffelrose *(Rosa rugosa)*, die schon lange in den Dünen und Gärten der Nordseeinseln angepflanzt wird, um die Dünen zu stabilisieren, da sie sich in den sandigen Böden hervorragend ausbreiten kann. Aber auch Teile dieser Dünen werden genutzt, wie man im weiteren Verlauf des Pfades leicht erkennt. Etliche Brunnen finden sich in der Dünenlandschaft, denn Juist verzichtet nicht nur auf Autos, sondern hat als eine der wenigen Ostfriesischen Inseln eine eigene Trinkwasserversorgung. Das Regenwasser, das auf die Insel fällt, sickert in den Sandkörper, und da Süßwasser leichter ist als Salzwasser, legt es sich in einer Linse über das von der Nordsee aus eindringende Salzwasser. An verschiedenen Stellen der Insel wird dieses Süßwasser gefördert.

Geht man den Pfad weiter und durch ein Relief von flachen Dünen und Tälern hindurch, sieht man auch Löcher in den Dünen – angelegt von Kaninchen, die Menschen vor langer Zeit auf die Insel brachten, um sie später jagen zu können. Am Ende erreicht man die letzte Dünenkette vor dem Strand, die Weißdünen, auf denen sich beständig der vom Strand angewehte Sand sammelt, was die dahinter gelegenen Dünentäler und vor allem das dahinter liegende Dorf vor Sturmfluten schützt. Müsste man diesen Schutz durch teure Strandverbauungen sicherstellen, wie auf einigen anderen Inseln, würde dies viele Millionen Euro kosten.

Auch der breite Strand dahinter, der bei Ebbe vom Dünenfuß bis zum Wasser mehr als 200 Meter misst, ist dafür wichtig. Ist er nicht breit genug, kann auch kein neuer Sand herangeweht werden, um die Dünen zu verstärken, und die Gefahr von Dünenabbrüchen bei Sturmfluten erhöht sich. An anderen Stellen der Insel mit einem schmalen Strand von weniger als fünfzig Metern ist dies zu sehen. Dort mussten die Dünen im Jahr 2007 mit 200 000 Tonnen Sand von einer Sandbank durch künstliche Dünen verstärkt werden – Kostenpunkt: 1,3 Millionen Euro. Die natürliche Düne und der Strandhafer, der sie festhält, machen dies quasi umsonst.

Direkt am Ort Juist hört aber auch der Nationalpark auf – der hiesige Strandabschnitt ist Erholung und Tourismus vorbehalten, die Natur muss zurücktreten. Dies zeigt sich etwa daran, dass unzählige Strandkörbe direkt am Dünenfuß stehen – damit es die Kurgäste von der Strandpromenade nicht zu weit haben und sie ein wenig Windschutz durch die nahen Dünen genießen können. Am Rand finden sich der Hundestrand und die Kite-Surfschule, die heute an keiner Küste fehlen darf. Der Effekt der Strandkörbe und der vielen Füße, die dort täglich durch den Sand stapfen, ist direkt daneben zu erkennen, wo der Badestrand endet: Auf Höhe der Strandkörbe am Fuß der Weißdünen finden sich viele kleine, nur wenige Jahre alte und teilweise nur wenige Zentimeter hohe

Primärdünen, die Embryos einer zukünftigen neuen Dünenkette, die vielleicht auch bis zu zwanzig Meter hoch werden kann. Dort entfaltet sich die Naturdynamik einer ostfriesischen Düneninsel noch recht frei – je weiter man vom Badestrand gen Osten geht, desto stärker zeigt sich die Dynamik, auch weil der Strand immer breiter wird. Und auch die Vögel haben dort wieder eine bessere Chance, in Ruhe zu rasten, allerdings sind sie auch nur am Ende der Insel, viele Kilometer entfernt, wirklich ungestört, da nur dort den ganzen Sommer lang ein Betretungsverbot herrscht. Dazwischen liegt Kompromissgelände.

Schweift der Blick noch weiter über den Strand, über die Kite-Surfer und die Badenden hinweg, sieht man vielleicht einen der Krabbenkutter, die auch weiterhin im Nationalpark fischen dürfen. Oder der Besucher erspäht am abendlichen Horizont die dichte Lichterkette der Frachter durch die Nordsee, zwischen Ärmelkanal und den Häfen in Hamburg, Bremen und der Ostsee, auf einer der meistbefahrenen Schiffsrouten der Welt mit etwa 25 Prozent der weltweiten Schiffsbewegungen. Deren Effekte zeigen sich auch am Strand in Form des Mülls, den unsere Meere mittlerweile beherbergen. Noch in den 1980er-Jahren mischten sich viele Teerrückstände von gespülten Öltanks darunter. Dies hat heute durch strenge Regulierung stark abgenommen. Auch findet man hin und wieder einen Vogel am Strand, der an einem Stück Netz oder Angelschnur oder an verschluckten Plastikkleinteilen verendet ist. Daran zeigen sich lokal die Kosten unseres weltweiten Handels und des Verlangens nach mehr und billigeren Gütern.

Bei klarer Sicht kann man zum Westen hin auch den ersten Offshore-Windpark Deutschlands vor der Nachbarinsel Borkum sehen und ahnt, dass die Nordsee, wie auch jedes Stück Land in Deutschland, vielfältigen Nutzungsinteressen ausgesetzt ist. Eine Karte des Bundesamtes für Naturschutz der ausschließlichen Wirtschaftszone Deutschlands in der Nordsee – also des

Bereichs, in dem Deutschland den alleinigen Zugriff auf die Nutzung hat – weist neben der Fischerei zahlreiche Schifffahrtsrouten, Gasförderplattformen, Pipelines, Kabeltrassen und eben großflächige Bereiche zur Windenergienutzung aus. Die durch diese Nutzungen erwirtschafteten Güter kommen zumeist auch der Insel Juist in der einen oder anderen Form zugute. Ohne Strom und Gas etwa wäre es dort reichlich ungemütlich, wie in früheren Zeiten, als die Bewohner noch das angeschwemmte Holz für den Kamin sammeln mussten.

Dies lässt erahnen, dass der erste Eindruck, dass Nutzung und Schutz auf einer Insel im Nationalpark in einem guten Miteinander stünden, sich schnell relativieren kann. Denn macht man sich die Abhängigkeiten von externen Importen bewusst – sei es der Windstrom vom Festland oder auch Fischerei und Handelsschifffahrt –, merkt man, dass ein solcher Ort stark von Umweltbelastungen an anderer Stelle abhängig ist.

Damit werden auch wieder die Konflikte sichtbar, die dem zugrunde liegen und bei jeder Entscheidung neu diskutiert werden müssen. Was gesteht man dem Tourismus und damit der lokalen Wirtschaft zu? Muss ein neuer Pfad, und sei er auch nur auf Holzpfählen gebaut, durch die Dünen führen? Warum gibt es so viele Verbote? – Früher durfte man auf den Wattwiesen noch Strandflieder pflücken, und die Vögel waren trotzdem da! Sollten Windkraftanlagen an Land oder im Meer gebaut werden? Oder gar auf der Insel?

Viele dieser Konflikte sind alt. So wurden die Inseln früher noch viel intensiver zur Beweidung bis in die Dünen hinein genutzt. Für den Tourismus hielt man es zu Zeiten Otto Leeges für unbedingt notwendig, dass man zum Vergnügen auch Wattvögel abschießen durfte. In Südeuropa gehört dies auch heute noch vielfach zur Landeskultur. Auf den Sandbänken vor der Insel Juist wurden die Seehunde lange aktiv bejagt. Hier wurden im Jahr 2012 erstmals seit langem wieder Stimmen laut, die den hohen

Bestand an Seehunden von derzeit ca. 20 000 Tieren in der Nordsee kritisieren und eine Bejagung fordern – zum Wohl der in erster Linie durch den Menschen übernutzten Fischbestände.

Das letzte Beispiel zeigt, dass wir um eine beständige Reflexion unserer Werte und damit des Werts, den wir der Natur und ihren Facetten beimessen, nicht herumkommen. Die Ökosystemdienstleistungen sind Etiketten der „nützlichen Dinge" der Natur für den Menschen, egal ob der Nutzen direkt ist wie durch die Krabbenfischerei oder indirekt wie durch die erholsame Wirkung eines Strandspaziergangs oder die Windenergienutzung auf See. Die Wahrnehmung dessen und die Meinung darüber, was „nützlich" ist, ändern sich von Ort zu Ort, von Zeit zu Zeit und je nach Blickwinkel des jeweiligen Betrachters.

Auswirkungen auf die Biodiversität sind dabei sowohl lokal als auch global wirksam, was ihre Handhabung noch schwieriger macht. Um zu verstehen, wo die möglichen Stellschrauben sind, um diese Auswirkungen zu reduzieren – global oder lokal, in der Wirtschaft oder im Privatleben –, hilft es, sich die direkten Gründe für den Verlust von Biodiversität und ihrer Leistungen noch einmal bewusst zu machen.

Die fünf Hauptgründe für den Verlust von Biodiversität

Die Forschung hat sich über die Hauptfaktoren für den Verlust an Biodiversität viele Gedanken gemacht. Letztendlich lassen sich die meisten Verluste an Natur, sei es bei Genen, Arten oder Ökosystemen, auf fünf Hauptfaktoren zurückführen, die vielfach komplex zusammenwirken. Diese sind, egal ob es um die Tigerpythons geht, die Aale, die Otter oder die Wälder dieser Welt: der Lebensraumwandel, der Klimawandel, invasive Arten, die Übernutzung und die Verschmutzung, vor allem durch Nährstoffe.

		Lebensraumwandel	Klimawandel	Invasive Arten	Übernutzung	Verschmutzung
Wälder	boreal	↗	↑	↗	→	↑
	gemäßigt	↘	↑	↑	→	↑
	tropisch	↑	↑	↑	↗	↑
Trockengebiete	gemäßigtes Grasland	↗	↑	→	→	↑
	mediterran	↗	↑	↑	→	↑
	tropisches Grasland, Savanne	↗	↑	↑	→	↑
	Wüste	→	↑	→	→	↑
Gewässer	Binnengewässer	↑	↑	↑	→	↑
	Küsten	↗	↑	↗	↗	↑
	Meere	↑	↑	→	↗	↑
Inseln		→	↑	→	→	↑
Gebirge		→	↑	→	→	↑
Polare Gebiete		↗	↑	→	↗	↑

Legende

gering		fallend	↘
moderat		gleichbleibend	→
hoch		steigend	↗
sehr hoch		rasch steigend	↑

Der Einfluss der Hauptgründe auf Biodiversität und Ökosysteme. Die Farbe der Zellen zeigt den Einfluss eines Treibers in einem Ökosystemtyp über die letzten fünfzig bis hundert Jahre an, je dunkler die Zelle, desto größer der Einfluss. Die Pfeile zeigen den aktuellen Trend des Einflusses an: Je steiler der Pfeil nach oben zeigt, desto stärker wird der Einfluss zunehmen. (Quelle: Millennium Ecosystem Assessment 2005).

Die Grafik oben stammt aus dem schon erwähnten Millennium Ecosystem Assessment aus dem Jahr 2005. Darin sind die Auswirkungen dieser fünf wichtigsten Gründe für den Verlust an Biodiversität, aufgeschlüsselt nach den wichtigsten Ökosystemen der Erde, dargestellt für die letzten hundert Jahre. Dabei zeigt sich zunächst, dass die verschiedenen Ökosysteme sehr unterschiedlich von den verschiedenen Faktoren betroffen waren. So hat sich der Lebensraumwandel vor allem und am stärksten in den tropischen Wäldern, auf Grünlandflächen, in Binnengewässern und an Küsten ausgewirkt (ausgedrückt durch dunkle Farben der entsprechenden Kästen). Invasive Arten betrafen vor allem Inseln. Die Übernutzung spielt sehr stark in den Meeren und den tropischen Savannen eine Rolle, Verschmutzung betrifft vor allem die Grünlandflächen, die Gewässer und die Küsten. Der Klimawandel hat in den letzten einhundert Jahren noch keinen größeren Effekt gezeigt – im Vergleich zu den anderen Faktoren. Dabei beziehen sich die Einschätzungen allein auf die letzten einhundert Jahre. Viele Veränderungen haben aber schon viel früher stattgefunden, man denke vor allem an die großflächige Abholzung und Umwandlung der Wälder im Mittelmeerraum, in Europa und auch in den gemäßigten Breiten Nordamerikas.

Grund 1: Übernutzung – aufgegessen und verheizt

Der erste Grund für den Verlust von Biodiversität liegt auf der Hand: Viele Menschen benötigen viele Ressourcen – zuallererst an Nahrung, aber auch an Wasser sowie Holz als Bau- und Brennstoff. Dafür werden Ressourcen direkt ausgebeutet oder Ökosysteme zur Produktion dieser Ressourcen umgestaltet. In Mitteleuropa begann dies schon vor Tausenden von Jahren mit der Landwirtschaft. Heute strebt dieser Drang nach Produktion auch in die letzten Winkel der Regenwälder vor, etwa wenn es um den Anbau von Ölpalmen und Zuckerrohr zur Produktion von Agrartreibstoffen geht.

In keinem Bereich ist dieser große Druck auf Tier- und Pflanzenbestände wohl so offensichtlich wie in der globalen Fischerei.

Mittlerweile stagniert die weltweite Fangmenge laut der Welternährungsorganisation FAO pro Jahr bei etwa neunzig Millionen Tonnen. Wissenschaftler haben ermittelt, dass die heutige Fischbiomasse in den Weltmeeren – vor allem in den landnahen Meeresbereichen, wo die Bestände am größten sind – bei etwa zehn Prozent der vorindustriellen Zeit liegen. So hat Europa seine Fischgründe im Nordatlantik schon lange über Gebühr ausgebeutet. Mehr als zwei Drittel der Fischbestände gelten dort als voll genutzt, stark oder sehr stark überfischt – ein Trend, der seit vielen Jahrzehnten anhält. Obwohl Europa mit dem Internationalen Rat für Meeresforschung (ICES) über eine Institution verfügt, die jedes Jahr Daten erhebt und Empfehlungen herausgibt, um diese Überfischung zu vermeiden, werden Jahr für Jahr zumeist zu hohe Fangquoten von der EU festgelegt, denn die Sorge um die Regionen mit einer starken Bedeutung der Fischerei für die Wirtschaft ist größer als die Sorge um die Fischbestände. Erst in den letzten Jahren werden die wissenschaftlichen Empfehlungen zumindest für einige Bestände umgesetzt. Für die EU-Fischereipolitik ab 2014 deutet sich erstmalig einen deutliche Umsteuerung an.

In den USA und Kanada dauerte die Ausbeutung bis hin zum Zusammenbruch etwas länger. Dies lag u. a. auch daran, dass die Bestände an der nordamerikanischen Atlantikküste, vor allem an Kabeljau, schier unendlich erschienen. Jahr für Jahr wurden die Fangkapazitäten erweitert, bis in den 1970er-Jahren ein Maximum von fast 800 000 Tonnen pro Jahr erreicht wurde – und danach die Fischbestände völlig zusammenbrachen, sodass Anfang der 1990er-Jahre der Fang komplett eingestellt werden musste. Tausende Fischer wurden arbeitslos oder mussten auf das Fischen von Schrimps umstellen, der eigentlichen Nahrung des Kabeljaus. Die Bestände des Kabeljaus haben sich bis heute nicht flächendeckend erholt – auch nach zwanzig Jahren unter einem praktischen Fangstopp nicht. Denn die Struktur der Arten in der Nahrungskette hat sich so verschoben, dass nun kleinere Fischarten und Krustentiere das Ökosystem dominieren, wo vorher der Kabeljau mit seinen Massen einen Großteil des Stoffumsatzes, des Fressens und Gefressen-Werdens, bestimmte. Die ökologischen Effekte der Fischerei sind enorm und bleiben doch zugleich unter der Wasseroberfläche verborgen. So sehen wir nicht, dass jeder Quadratmeter der Nordsee bis zu zwanzigmal pro Jahr von einem Bodenschleppnetz umgepflügt wird. Der Effekt ist vergleichbar mit einem riesigen Kamm, der durch einen Wald pflügt, um die Rehe und Wildschweine dort zu fangen.

Grund 2: Lebensraumwandel – das Haus abgerissen

Sichtbarer als die Zerstörung des Lebensraums von Fischen im Meer durch Schleppnetze ist dagegen der Flächenverbrauch an Land, nicht nur durch die Landwirtschaft, sondern auch durch die Infrastruktur. Zwar versucht der Mensch schon lange, in Mitteleuropa zu einem Ausgleich mit der Natur zu kommen. Aber aktuelle Entwicklungen zeigen, dass sich auch hier das Bild weiter verschlechtert. Die aktuellen Daten zur Natur in Deutschland zeigen, dass mittlerweile auf 2,1 Millionen Hektar Energiepflanzen, vor allem Mais, angebaut werden und dafür viele Grünland- und Brachflächen umgebrochen wurden. Auslöser war eine Entscheidung der EU im Jahr 2009. Dort wurde beschlossen, aufgrund der hohen Nachfrage nach Agrarrohstoffen für die Lebensmittel- wie die Energiepflanzen die bisher geltenden Regeln für einen obligatorischen Brache-Anteil an den Gesamtflächen eines Betriebes abzuschaffen. Wenn man eine einzelne politische Entscheidung sucht, die einen erheblichen Effekt auf die Biodiversität hatte, dann war es diese. Die im Jahr 2012 vorgestellten Zahlen des BUND und des Dachverbandes der Avifaunisten zeigen etwa, dass sich grade die Bestände der wiesenbrütenden Arten wie Kiebitz, Rebhuhn und Wiesenpieper in den vergangenen Jahren noch weiter reduziert haben.

Viele ähnliche Zahlen und Beispiele aus der ganzen Welt ließen sich hier nennen, nicht zuletzt aus den Tropen, wo der Nutzungsdruck in den letzten zwanzig Jahren in vielen Regionen deutlich gestiegen ist.

Grund 3: Invasive Arten – von neuen Mietern verdrängt

Asiatische Karpfen im Mississippi, der Dunkle Tigerpython in Florida, die Pazifische Auster in der Nordsee und die Beifuß-Ambrosie in Brandenburg und Berlin sind einige wenige Beispiele von invasiven Arten in diesem Buch, die beabsichtigt oder unbeabsichtigt vom Menschen in neue Lebensräume verfrachtet wurden. Bei einer neuen Besiedlung brachte er seine gewohnten Nutztiere und -pflanzen mit, und vielfach schleppte er auch ungebetene Gäste mit ein, die es sonst nie in neue Regionen geschafft hätten.

Heute stellt das Mehr-Werden solcher Arten eines der direktesten Probleme für manche einheimischen Arten dar. Denn vielfach nisten sich die Neuankömmlinge nicht nur in einer Ecke des Ökosystems zwischen den anderen Arten ein, sondern verdrängen diese aus ihren Nischen. Dabei ist das Bild nicht immer ganz einfach, wie das Beispiel der Pazifischen Auster zeigt, mit der sich zu arragieren die heimische Miesmuschel geschafft hat. Tigerpythons und asiatische Karpfen in den USA sind da weitaus bedrohlicher. Diese Liste ließe sich beliebig um andere Beispiele aus der ganzen Welt verlängern. So ersetzt das nordamerikanische Grauhörnchen Zug um Zug das europäische Eichhörnchen. In Großbritannien hat dieser Prozess von

Süden her angefangen und ist schon weit fortgeschritten. Nur noch in Schottland dominiert das rote Eichhörnchen. Ähnlich verhält es sich mit den Krebsen in Europas Flüssen und Seen: Als die Edel- und Flusskrebse rarer wurden – aufgrund von Übernutzung, aber auch der Verschmutzung der Bäche und Flüsse –, wurden aus Nordamerika verschiedene Krebsarten wie der Signalkrebs oder der Kamberkrebs nach Europa eingeführt. Diese waren robuster in ihren Lebensraumansprüchen und breiteten sich entsprechend schnell aus. Sie brachten aber auch eine Krankheit mit, die Krebspest, gegen die sie selbst weitgehend immun sind, die aber die verbliebenen europäischen Fluss- und Edelkrebse noch weiter dezimiert. Heute werden an vielen Flüssen in Deutschland die einheimischen Krebse wieder aufwändig angesiedelt. Mehr und Weniger hängen also, wie häufig, eng zusammen.

Grund 4: Verschmutzung – unbewohnbar gemacht

Das in Kapitel vier beschriebene Mehr an Düngemitteln und Pflanzenschutzmitteln hat sich in den vergangenen Jahrzehnten weiter vergrößert. Eigentlich sollte man erwarten, dass durch effektivere Mittel und stärkere Kontrollen die Nutzung solcher Mittel abnimmt. Doch das ist nicht der Fall. Verglichen mit 1994 hat der Pestizideinsatz in Deutschland um ein Drittel zugenommen. Hinzu kommen immer wieder neue chemische Substanzen, deren Auswirkungen auf die Natur trotz intensiver Tests noch recht unklar sind, wie etwa die neuartigen Pflanzenschutzmittel der Neonikotinoide, die vermutlich sehr stark den Bienen, aber auch indirekt den Vögeln zusetzen. Im Zusammenhang mit der Lebensraumzerstörung in Mitteleuropa vor allem für Vögel im offenen Gelände wird das Nahrungsangebot immer spärlicher, denn massiver und effizienter Einsatz von Pestiziden reduziert das Vorkommen von Insekten, die gerade in der Brutsaison im Frühjahr und Sommer die Basis für die Ernährung der Vögel bilden. So sind mittlerweile, infolge einer Kombination aus Lebensraumverlust und Pestizidbelastung, zwei Drittel aller Feldvogelarten bedroht.

Und noch eine andere gefährdete Art steht seit Neuestem wieder im Fokus. Für den Aal, der dank der intensiven Besatzaktivität weiterhin gefischt werden kann, wurde im Sommer 2012 für das Rhein-Einzugsgebiet um Luxemburg, das Saarland und Rheinland-Pfalz eine Verzehrwarnung herausgegeben. Auch Nordrhein-Westfalen schloss sich an. Im fettreichen Gewebe des Aals sammeln sich besonders gut fettlösliche Schadstoffe wie etwa PCB (polychlorierte Biphenyle) und Dioxine an. Solche Schadstoffe werden schon seit Langem vom Menschen freigesetzt und bleiben über einen großen Zeitraum in der Natur, bevor sie abgebaut werden. Bei fast allen Proben wurden die vorgegebenen Grenzwerte überschritten. Wie bei den meisten Fischen liegen diese deutlich höher als bei Fleisch, für frei lebende Tiere geht man ohnehin schon von einer höheren Grundbelastung aus. Auch andere Meerestiere am Ende der Nahrungskette sind extrem stark belastet – Robben und Seehunde, die tot an der Küste angespült werden, weisen vielfach einen so hohen Gehalt an PCB und ähnlichen Stoffen aus, dass sie eigentlich als Sondermüll entsorgt werden müssten.

Neben diesen Schadstoffen bildet aber die schon beschriebene globale Verbreitung von Nährstoffen, vor allem Stickstoff und Phosphor, ein großes Problem, denn viele Ökosysteme und ihre Arten sind auf nährstoffarme Bedingungen ausgerichtet. Eine Zunahme von Nährstoffen, wie in deutschen Gewässern lange beobachtet, schädigt nicht nur die Arten, sondern beeinflusst auch die Fähigkeiten der Ökosysteme, Dienstleistungen für den Menschen bereitzustellen.

Grund 5: Klimawandel – die Klimaanlage verstellt

Der Klimawandel ist als Umweltproblem Nummer eins in aller Munde. Keine Woche vergeht, in der nicht ein neuer Bericht über neue Modelle, neue Extremereignisse oder andere Beobachtungen und Erkenntnisse bekannt werden. Auch die Studien über die Auswirkungen des Klimawandels auf die Natur werden zahlreicher. Wie in der Abbildung auf S. 151 zu sehen, war der Einfluss in den letzten hundert Jahren noch gering. Es wird aber erwartet, dass er in Zukunft in allen Ökosystemen kräftig zunehmen wird, wie die Pfeile in der Abbildung andeuten. Schon heute gibt es zahlreiche Anzeichen, dass sich Ökosysteme in Zukunft extrem verändern werden. Arten, die an wärmere Bedingungen gewohnt sind, werden weiter nach Norden oder in höhere Lagen wandern. Arten, die an kühlere Bedingungen angepasst sind, werden ausweichen – soweit sie es können. Studien aus den Alpen belegen, dass die Baumgrenze nach oben wandert und damit Arten der offenen Heiden und Bergwiesen weiter nach oben verdrängt werden. So hat die Vielfalt an Pflanzen auf vielen Bergspitzen in den Alpen in den letzten hundert Jahren stark zugenommen, wie eine Studie des Umweltwissenschaftlers Gian-Reto Walther aus Bayreuth zeigt. Nur hat jeder Berg irgendwann einmal ein Ende, und Arten aus höheren Regionen laufen Gefahr, auszusterben, weil sie schlicht nicht weiter nach oben ausweichen können.

Wie zahlreiche Studien zeigen, werden die Auswirkungen allerdings häufig subtiler sein, als dass Arten einfach aufgrund der veränderten Temperaturen zurückgehen oder aussterben. Denn ein verändertes Klima ändert auch viele Vorgänge in den Ökosystemen, an die sich die Arten unter Umständen nicht anpassen können. So hat sich der Beginn der Vegetationsperiode in Deutschland bereits regional um mehrere Tage bis Wochen nach vorne verschoben. Damit kommt es auch zum früheren

Schlüpfen und Entwickeln von Insekten, der Nahrungsgrundlage und Aufzuchtgarantie für viele Singvögel. Diese richten aber ihren Rückzug aus dem Süden nach dem Sonnenstand und kommen weiterhin etwa zur gleichen Zeit in Mitteleuropa an. Doch dann ist die Hauptnahrungszeit durch wichtige Insekten vielleicht schon vorbei, der Bruterfolg sinkt. Ähnliche Beobachtungen gibt es für zahlreiche Ökosysteme auf der Erde, nicht zuletzt auch in den Meeren, wo die erhöhten Temperaturen und die gestiegenen CO_2-Konzentrationen im Wasser den Korallenriffen dieser Welt schwer zusetzen. Hier gehen Hochrechnungen davon aus, dass bis zum Jahr 2050 ein großer Teil der Warmwasser-Korallen verschwunden sein könnte. Dabei kann dann auch eine Rolle spielen, dass zum Beispiel am Great-Barrier-Reef in Australien der Klimawandel und die Überfischung die Ausbreitung eines invasiven Seesterns fördern, der die Korallen schlicht auffrisst.

Für sich betrachtet scheinen die fünf Gefahren für die Biodiversität in vielen ihrer Auswirkungen durchaus handhabbar. Doch durch ihre Kombination, insbesondere der zukünftig zu erwartenden Verstärkereffekte vieler Probleme durch den Klimawandel, stellen sie eine besondere Herausforderung dar. So wird erwartet, dass nicht nur Verschiebungen von Ökosystemen nach Norden stattfinden werden, sondern dass sich eingeschleppte Arten leichter tun, sich an neuen Orten zu etablieren. Gerade in gemäßigten Breiten stellen die frostigen Winter eine starke Grenze für die Ausbreitung dar, wie etwa lange bei der Pazifischen Auster und der Amerikanischen Schwertmuschel vermutet. Fallen die Winter aber zunehmend milder aus, können sich Arten besser anpassen und ausbreiten. Allerdings verschwimmen mit diesem Ineinandergreifen von Faktoren auch die Bewertungsgrenzen. Denn wenn manche heimischen Arten sich an einem Ort nicht mehr halten können, wir aber die Funktion eines Ökosystems erhalten möchten – zum Beispiel einen Wald mit seiner Wasserspeicherung und seiner Holzproduktion –, wäre es dann nicht opportun, den neuen eingeschleppten oder bewusst angepflanzten fremden Arten ihren Raum zuzugestehen? Unsere Welt verändert sich, und unser statischer Blick bei der Erhaltung der Natur wird nicht mehr zeitgemäß sein.

Wie die Zukunft aussehen könnte

Der Klimawandel wird also in Zukunft einen wichtigen Einfluss auf die Biodiversität und auch auf die Leistungen haben, die Ökosysteme als nullter Sektor unseres Wirtschaftssystems heute für uns erbringen. Anpassungen werden notwendig werden, sei es, dass wir neue Sorten unserer Feldfrüchte züchten, die besser mit Trockenheit umgehen können, sei es, dass wir uns neu überlegen müssen, wie die Wasserversorgung sichergestellt werden kann. Wie sehr der Klimawandel in Zukunft auch unsere Ökosysteme beeinflussen wird, deutet die Grafik auf Seite 151 an. So zeigen die Pfeile in den Kästen, wie sich der Einfluss der einzelnen Treiber des Wandels auf die Ökosysteme auswirkt. Die nach oben weisenden Pfeile, die einen zunehmenden Trend in den nächsten fünfzig Jahren prognostizieren, überwiegen bei Weitem. Und beim Klimawandel und bei der Verschmutzung durch Nährstoffe zeigen alle Pfeile steil nach oben, das heißt, ihr Einfluss dürfte stark zunehmen, und das weltweit. Zwar wird prognostiziert, dass das Ansteigen der Temperatur und die Veränderung der Niederschläge in einzelnen Regionen unterschiedlich ausfallen und damit verschiedene Gegenden der Welt unterschiedlich betroffen sein werden, aber der Effekt wird überall wahrnehmbar sein. Gleiches gilt für die Verschmutzung durch Nährstoffe: Prognosen gehen davon aus, dass die Produktion und Freisetzung von Stickstoffdünger weiter massiv steigen wird, vor allem in Asien.

Auch Teile von Mittelamerika, Südamerika und Zentralafrika dürften betroffen sein. Dies sind zugleich die Gebiete auf der Welt mit der höchsten Biodiversität – und eben auch dem größten Bevölkerungswachstum.

Entsprechend sehen auch viele Prognosen zur Entwicklung von Umwelt und Biodiversität nicht gut aus. Der Umweltausblick der Organisation für wirtschaftliche Zusammenarbeit und Entwicklung (OECD) kommt zu dem Ergebnis, dass bis 2050 weitere zehn Prozent der Biodiversität verloren gehen könnten. Der Indikator, der dafür herangezogen wird, zeigt die Veränderung der Landnutzung und den damit verbundenen Verlust von Populationen ausgewählter Arten an.

Das international anerkannte Ziel, diesen Verlust bis 2020 zu stoppen, ist laut OECD angesichts der derzeitigen Politik-Ansätze unrealistisch. Besonders in Asien, Europa und Südamerika wird es zu großen Verlusten kommen, vor allem durch die fortschreitende Zerstörung naturnaher Lebensräume. Bis 2050 wird der Klimawandel aber der Haupttreiber für Verluste sein – neben der intensiven Forstwirtschaft und, in geringerem Maße, der Produktion von Biomasse zur Energiegewinnung. So wird die reine Fläche des Waldes auf der Welt vielleicht nicht weiter schrumpfen. Aber es könnten mehr und mehr Plantagen und intensiv genutzte Wälder existieren, ein Trend, der sich für unsere Breiten schon in der Abbildung auf S. 151 zeigt. Der einzige Pfeil, der dort nach unten zeigt und damit auf einen abnehmenden Trend verweist, betrifft den Lebensraumverlust bei den Wäldern der gemäßigten Breiten, also etwa in Europa und den USA.

In dieser Prognose der OECD sind die Verluste durch Übernutzung, Verschmutzung und invasive Arten noch gar nicht eingerechnet. Sie lassen sich derzeit im globalen Maßstab kaum prognostizieren.

So treten viele Effekte erst mit einer großen Zeitverzögerung ein. Eine Studie des Modellierers Oliver R. Wearn kommt zu dem

Schluss, dass zahlreiche Arten im Amazonas bereits jetzt stark vom Aussterben bedroht sind, obwohl ihre Populationen heute noch vergleichsweise stabil erscheinen. Entwaldung findet nicht in einer großen Welle statt, sondern verteilt sich räumlich und zeitlich. Viele Wirbeltierarten werden in den Restwäldern zusammengedrängt; Lebensverhältnisse und Reproduktionsraten verschlechtern sich aber nur langsam. So prognostizieren die Autoren, dass achtzig bis neunzig Prozent der Verluste an Wirbeltieren aufgrund der bereits entwaldeten Flächen erst in den nächsten Jahrzehnten sichtbar werden. Erreicht allerdings die brasilianische Regierung ihr Ziel, die Entwaldung bis 2020 komplett zu stoppen und die geschützten fünfzig Prozent des Amazonas-Regenwaldes effektiv zu bewahren, würde der Verlust geringer ausfallen. Trotzdem wird eine bestimmte „Aussterbe-Schuld" der bisherigen Entwaldung zum Tragen kommen: Populationen und Arten werden erst mit Zeitverzögerung verschwinden, ein Bild, das auch von vielen anderen Tierarten und Regionen bekannt ist. Wenn ein starker Rückgang bereits sichtbar ist, wird es deutlich aufwändiger, eine Art noch durch aktive Maßnahmen zu erhalten. Der Kakapo und viele andere Arten erzählen diese Geschichte eindrucksvoll.

Bei den Ökosystemen und ihren Dienstleistungen ergeben sich ähnliche Effekte. Veränderungen wie die Zerschneidung und Verkleinerung von Lebensräumen oder die Verschmutzung von Gewässern gehen allmählich vonstatten, können aber dazu führen, dass plötzlich Kipp-Punkte erreicht werden, bei denen zum Beispiel ein See durch zu viele Nährstoffe lebensfeindlich wird oder sich eine Nahrungskette so verändert, dass neue Arten wie der Asiatische Karpfen im Mississippi überhandnehmen. Mit dem Klimawandel könnten ganze Großlandschaften „umkippen", so etwa die Tundren in den Weiten Russlands, wenn der Permafrostboden zu stark auftaut, oder der Amazonas-Regenwald, wenn der sich selbst erhaltende Prozess aus Regen und Verdunstung unterbrochen wird. Eine aktuelle Studie für das Übereinkommen zur Biologischen Vielfalt listet eine ganze Reihe solcher möglicher Kipp-Punkte auf.

Zu den Wurzeln – und zurück zum Menschen

Es ist recht einfach, die beschriebenen Gründe für den Verlust der Biodiversität auf die ausbeuterische Seite des Menschen und seines Umgangs mit der Natur zurückzuführen. Der Natur- und Artenschutz mit seiner Ausrichtung auf Flaggschiff-Arten als Symbole dieses Verlustes nutzt diese emotionale Seite der Wertschätzung der Natur gezielt für seine Arbeit. Und natürlich ist der Kern dieses Ansatzes richtig. Die Menschheit hat sich nie schneller von dem Pfad wegbewegt, der seit dem Erdgipfel von Rio de Janeiro 1992 als Nachhaltigkeit bekannt ist: nicht mehr Ressourcen zu verbrauchen, als die Erde dauerhaft zur Verfügung stellt. Unsere wachsende Weltbevölkerung und unser steigender Pro-Kopf-Verbrauch an Naturgütern und -dienstleistungen wird dem aber auch zukünftig erheblich entgegenstehen – mit einem entscheidenden Unterschied im Vergleich zu 1992: Die Wucht der Katastrophen, die die Natur über den Menschen bringt, wird sich verstärken. Vielleicht gilt das weniger für Erdbeben und Tsunamis, aber für Dürren, Stürme und andere Klimaextreme, die die Regulierungs- und Versorgungsleistung der Natur schlichtweg überfordern. Auch die Ausbreitung von neuen Krankheitserregern von Tier zu Mensch und zwischen den Menschen wird sich verstärken und die global vernetzte Gesellschaft vor neue Herausforderungen stellen.

Die zugrundeliegende, durch unsere globale Wirtschaftslogik getriebene Ausbeutung nannte der UN-Generalsekretär Ban Ki-Moon auf dem Weltwirtschaftsforum 2011 in Davos einen „globalen Selbstmordpakt".

Wenn man sich bei all diesen Herausforderungen nicht mehr sicher ist, was man überhaupt machen kann, ist es sinnvoll, sich ihnen von einem Ziel her zu nähern, etwa von der Vorstellung einer Welt, wie wir sie im Jahr 2050 haben wollen. In Bezug auf die Biodiversität gibt es hierzu sogar einen weltweiten Konsens, auch wenn er etwas blumig daherkommt. Die Vertragsstaaten des Übereinkommens zur Biologischen Vielfalt hatten 2010 in Nagoya als Fernziel beschlossen, dass die Menschheit in „Harmonie mit der Natur leben muss: Bis 2050 wird die Biodiversität wertgeschätzt, erhalten, wiederhergestellt und weise genutzt, sodass Ökosystemdienstleistungen, die einen gesunden Planeten erhalten und essentielle Leistungen für alle Menschen liefern, gesichert werden."

Was hier etwas abstrakt daherkommt, trifft doch die zentralen Herausforderungen, mit denen wir uns beim Umgang mit der Natur konfrontiert sehen. So muss das Wertesystem gegenüber der Natur verändert werden (wertgeschätzt), um sie einerseits zu erhalten und wenn nötig wiederherzustellen (was viel teurer ist), und so genutzt werden, dass sie unsere Bedürfnisse durch ihre Leistungen erfüllen kann. Das Weniger und das Mehr müssen also besser ins Gleichgewicht gebracht werden.

Gleichzeitig macht diese Vision auch deutlich, dass es jeden angeht: Die (fehlende) Wertschätzung betrifft jeden einzelnen Menschen und die Art und Weise, wie er sie in seinem täglichen Verhalten umsetzt – aber auch umsetzen kann, je nach den Bedingungen einer Gesellschaft. Wie die Zahlen aus der Studie der Bundesregierung zeigen, ist etwa das Naturbewusstsein in Deutschland sehr hoch, viele Menschen wollen etwas für die Natur tun. Aber zu wissen, was dies sein kann und dass man es überhaupt umzusetzen vermag, ist eine Aufgabe der Gesellschaft. So hätte man etwa vor zwanzig Jahren in Deutschland noch kaum ökologisch produzierte Lebensmittel kaufen können, heute sind sie weit verbreitet, auch weil die Politik den ökologischen Landbau zumindest zeitweise stark gefördert hat. Schwierig bleibt aber ein ökologisch bewussteres Verhalten in vielen anderen Bereichen, etwa bei der Mobilität, wo die Anreize zur Zersiedelung der Landschaft und die Abhängigkeit vom eigenen Auto lange Zeit als gegeben hingenommen wurden und erst sehr langsam ein Umdenken einsetzt. Heutzutage ist für viele Menschen nicht mehr das Auto das Hauptstatussymbol, sondern das Mobiltelefon.

Bei der Erhaltung der Natur, dem Urgedanken des Naturschutzes, verfügen wir heute über ein immenses Wissen. Und dies geht weit über die Einrichtung von mehr Nationalparks und Naturschutzgebieten hinaus, denn es umfasst eben auch die Nutzung der Systeme, um ihre Leistungen für den Menschen verfügbar zu machen und gleichzeitig wesentliche Elemente der Biodiversität zu erhalten. Dieses Grundanliegen des Menschen seit der Entwicklung der Sesshaftigkeit haben wir in vielen Situationen zu weit getrieben – ein Mehr allein an einer Leistung, etwa der Nahrungsmittelproduktion, auf einer Fläche zuungunsten anderer Leistungen ist nicht mehr zeitgemäß und verursacht vor allem eines: Kosten.

Denn die Projektionen etwa der OECD oder des Millennium Assessment legen nahe, dass der Weg zur Vision des Übereinkommens zur Biologischen Vielfalt einer Harmonie zwischen Mensch und Natur im Jahr 2050 schwierig zu erreichen sein wird. Und doch schlägt die OECD, einer wirtschaftskritischen Haltung unverdächtig, ein paar klare und wenig überraschende Maßnahmen vor.

Zunächst muss die Umweltnutzung weiter verteuert werden – für die Wirtschaft, in der Konsequenz aber auch für jeden Nutzer. Damit müssten etwa die Preise unserer Schuhe und T-Shirts, eigentlich all unserer Waren, entsprechend angepasst werden. Vielleicht geht dann weniger Geld pro Schuh in die Werbung, dafür aber in die Schonung der Naturressourcen und in gerechte Löhne. Den tatsächlichen Naturschadenspreis eines Produkts zu bezahlen (oder deswegen auf das Produkt zu verzichten), das wird die Hauptaufgabe für den Konsumenten und die Firma der Zukunft sein.

Letztendlich wird es darauf hinauslaufen, dass wir uns unserer Umweltbilanz bewusst werden – als einzelner Konsument, als Firma und als Staat und Gemeinschaft. Das wird nicht einfach sein, aber dank vielfältiger Forschung in Natur- und Sozialwissenschaften ist es zunehmend besser möglich. Genauso wie wir heute bewusst entscheiden können, einen Kühlschrank aufgrund seiner Energieeffizienz zu kaufen oder ein Auto aufgrund seines geringen CO_2-Ausstoßes, muss dieser bewusste Umgang mit Umweltschäden noch weiter entwickelt werden – durch die Erstellung von Bilanzen, aber auch durch entsprechende Regulierungen. So ist es zwar schön, den CO_2-Ausstoß des Autos zu kennen. Wirklich relevant wird dieser aber erst, wenn die Besteuerung des Autoverkehrs konsequent an diesem Wert ausgerichtet wird, indem einzig nach Benzinverbrauch besteuert wird und nicht mehr nach Hubraum, was verbrauchsintensive Fahrzeuge bevorzugt. Auch bei unseren Nahrungsmitteln könnte sich das schnell auswirken, etwa indem die Preise den bislang günstigen Transport von Spargel aus Peru oder der Petersilie aus Israel stärker berücksichtigen und damit automatisch regionale Produkte preislich wieder attraktiver werden.

Auch der Staat muss sich der Herausforderung stellen, die Umweltschäden seiner Wirtschaft und Gesellschaft sichtbar zu machen. So wird zunehmend deutlich, dass unser lieb gewonnenes Bruttoinlandsprodukt (BIP) als Ein-Zahl-Maß für das Wohlbefinden der Gesellschaft fehlleitet. Es misst einzig das Ausmaß der Umsätze in der Wirtschaft, mit der Konsequenz, dass sich auch negative Effekte auf das Wohlergehen des Menschen positiv auf das BIP auswirken: Ein Autounfall verursacht in erster Linie positive Effekte, da die Reparaturen am Auto und die Kosten des Krankenhausaufenthaltes positiv zu Buche schlagen. Ebenso ist es mit den negativen Auswirkungen auf das Kapital der Natur: Dass durch den Neubau von Einkaufszentren oder Wohngebieten auf der grünen Wiese Naturkapital verlorengeht und durch mehr Verkehr noch weitere Umweltfolgekosten verursacht werden, wird vom BIP nicht erfasst, sondern nur die positive Wirtschaftswirkung durch den Umsatz der Bauunternehmen und des Einzelhandels im neuen Einkaufszentrum.

Derzeit laufen verschiedene Initiativen, das Naturkapital in die Messung von Wohlstand einzubeziehen und auch das Verständnis von Wohlergehen nicht mehr allein an wirtschaftlichem Wachstum festzumachen. Ökonomen wie die Wirtschaftsnobelpreisträger Amartya Sen und Elinor Ostrom haben in ihren Arbeiten Wege dahin aufgezeigt.

Die unangenehme Seite dieser Herausforderungen ist, dass wir damit die Natur und ihre Behandlung nicht mehr in eine Ecke der Politik abschieben können, die sich Umweltpolitik nennt. Eigentlich müsste die Verantwortung für unser Naturkapital woanders liegen – beim Finanzministerium. Der Unterschied zum heutigen Denken wäre, dass es nicht allein um die Ausstattung des Staates mit Finanzkapital geht, sondern auch mit Naturkapital, dessen Grundstock es zu erhalten gilt und bei dem man nur noch von den Zinsen lebt – also nachhaltig.

Die Natur als nullter Sektor unserer Wirtschaft und Gesellschaft betrifft eben alle Politikbereiche und kann politisch nicht mehr auf ein Ressort beschränkt werden. Die Herausforderung besteht darin, die Politikmischung richtig zu gestalten, oder, wie die OECD schreibt: „Ökologische Herausforderungen können nicht isoliert bewältigt werden, vielmehr sollten sie im Kontext anderer weltweiter Herausforderungen, wie z.B. Ernährungs- und Energieversorgungssicherheit sowie Armutsbekämpfung, betrachtet werden."

In Deutschland müssen hier etwa die Raumplanung, die Landnutzung und die Stadtentwicklung neu überdacht werden, zusammen mit Aspekten des demografischen Wandels. Wie in jedem politischen Prozess werden dabei Meinungen und Wertvorstellungen über das, was wichtiger als etwas anderes ist, aufeinanderprallen. Dabei ist trotz der Wirtschaftskrise der vergangenen Jahre doch auch zu sehen, dass Umweltaspekte im Leben der Menschen wieder an Bedeutung gewinnen. Im Bestreben der Energiewende drückt sich dies ebenso aus wie in den zunehmenden Versuchen von Bürgern, sich nicht mehr mit der derzeitigen Situation bei Fragen des Lärms und der Verschmutzung durch Abgase in Innenstädten abzufinden und nach stärker umwelt- und gesundheitsfreundlichen Lösungen zu verlangen. Letztendlich wird es darauf hinauslaufen, verschiedene Nutzungsinteressen in einem eng besiedelten Land, wo jede Fläche mehrere Funktionen erfüllen muss, noch besser und vor allem transparenter miteinander in Einklang zu bringen. Die verstärkte Wahrnehmung der Natur als zentraler Dienstleister für unser Wohlergehen kann dabei eine wichtige Rolle spielen, denn Ökosystemdienstleistungen sind ein geeignetes Instrument, die verschiedenen Interessen besser sichtbar zu machen.

Ohne Null nichts los – den nullten Sektor als Basis allen Wirtschaftens ernst nehmen

Die vielen Beispiele – von der Miesmuschel über die globale Fischerei, von der Wandertaube bis hin zum Tourismus auf der Insel Juist – zeigen exemplarisch, wie sehr wir in unserem ökonomischen Handeln von der Natur abhängen. Man könnte es auch anders ausdrücken: Ohne Natur nichts los.

Diese Erkenntnis setzt sich auch immer mehr in der Wirtschaft fest. Nicht nur bei Agrar-, Holz- und Fischereiwirtschaft, sondern zunehmend auch in großen Industrie-, Handels- und Dienstleistungsunternehmen. Ein Grund dafür ist die sogenannte TEEB-Studie. TEEB steht für „The Economics of Ecosystems and Biodiversity" – Die Ökonomie von Ökosystemen und Biodiversität –, eine weltweite Studie, die zwischen 2008 und 2010 durchgeführt wurde und die versuchte, die Bedeutung der Natur und ihres Verlustes für den Menschen in ökonomischen Werten sichtbar zu machen. TEEB verdeutlicht, dass die Vernichtung von Naturkapital in den allermeisten Fällen ein sehr schlechtes Geschäft für den Menschen ist, wenn alle Faktoren richtig berücksichtigt werden. Viele der ökonomischen Zahlen in diesem Buch sind von TEEB zusammengetragen worden.

Wie groß der Wert der Natur im ökonomischen Sinne ist, hat der Leiter der TEEB-Studie, der indische Ökonom Pavan Sukhdev, in einem Vortrag vor Tausenden von Menschen in der voll besetzten Oper von Sydney im Herbst 2011 in einer sehr kurzen Rechnung dargestellt: Ohne unsere Biosphäre wäre ein menschliches Wirtschaften nicht möglich, folglich ist ihr Wert, streng gesehen, unendlich. Jede Schätzung dieses Wertes, etwa über Ökosystemdienstleistungen und ihren Gegenwert in Dollar und Euro, ist demnach eine extreme Unterschätzung des realen Wertes. Im gesamtplanetaren Kontext mag das stimmen, es hilft uns aber nur eingeschränkt weiter, wie Pavan Sukhdev und die TEEB-Studie deutlich machen. Denn unsere ökonomischen Entscheidungen werden zumeist auf viel kleinerer Ebene gefällt. Deswegen ist es sinnvoll, sich jeweils im Kontext einer Kommune, einer Firma oder auch eines Wirtschaftssektors wie der Fischerei oder der Holzindustrie den Wert der genutzten und vernichteten Leistungen der Natur genauer anzuschauen. Erst dadurch bekommen Teile dieses großen Werts konkrete Relevanz. Das Problem dabei ist, dass wir vielfach gar nicht genau wissen, wie die entsprechenden Zahlen aussehen und was sie etwa für eine Firma bedeuten können. Damit bleibt der Einfluss des nullten Sektors auf die Wirtschaft weithin unsichtbar. Für jede Firma müssen wir Naturverbrauch und -nutzung in den Bilanzen sichtbar machen. Beim Treibhausgasausstoß ist man schon so weit – dort hat jede Firma heutzutage ihre CO_2-Bilanz. Und jeder Deutsche kann seinen eigenen persönlichen Ausstoß an Treibhausgasen mit dem Klimarechner des Umweltbundesamtes berechnen. Unser durchschnittlicher Ausstoß in Deutschland beträgt derzeit pro Kopf elf Tonnen CO_2-Äquivalente pro Jahr. Als verträgliche Quote für alle Menschen weltweit gelten 2,5 Tonnen. Etwa ein Viertel der elf Tonnen des Durchschnittsdeutschen machen jeweils Strom und Heizung bzw. unsere Mobilität aus, ein Drittel entfällt auf unseren Konsum. Jeder Teilwert für sich überschreitet also schon den gewünschten Wert von 2,5 Tonnen weltweit.

Nun wäre es schön, auch einen erweiterten „Naturrechner" zu haben, der uns sagt, wie viel Natur eine Firma oder jeder Einzelne von uns verbraucht. Ein ungefähres, aber noch abstraktes Maß dafür ist der ökologische Fußabdruck, den der Worldwide Fund for Nature (WWF) jedes Jahr veröffentlicht. Dieser wird mit „globalen Hektar" sichtbar gemacht, dem virtuellen Maß einer Fläche, die jeder Bürger für seine Bedürfnisse braucht. Demnach benötigte der durchschnittliche Deutsche im Jahr 2008 4,57 „globale Hektar". Deutschland selbst gibt mit seiner Biokapazität pro Einwohner allerdings nur 1,95 „globale Hektar" her. Wir leben also auf Kosten anderer Regionen, jeder von uns braucht 2,62 globale Hektar außerhalb Deutschlands, um seinen Bedarf an Natur zu decken. Solche Rechnungen sind sehr grob und abstrakt, auch wenn wir uns vielleicht noch vorstellen können, wie sich diese Hektar durch unseren Kaffee- und Teekonsum auf Flächen in Mittelamerika oder Asien virtuell übertragen lassen. Aber sie helfen uns, uns unseres Einflusses auf die Natur erst einmal bewusst zu werden.

Um solche Rechnungen für Firmen und auch Staaten nutzbar zu machen, müssen die Zahlen aber konkreter und messbar werden. Für Firmen bedeutet dies, ihren Naturverbrauch und ihre Abhängigkeit von Ökosystemen und ihren Leistungen zunächst überhaupt erst sichtbar zu machen. Dies dann in ihren Umweltbilanzen auszuweisen ist ein zweiter wichtiger Schritt, genauso wie es in Unternehmensbilanzen über Finanzkapital und Arbeitskräfte geschieht.

Mittlerweile gibt es zahlreiche Richtlinien und Ansätze, wie Firmen dies tun können, über die einfache Statistik von Wasser- und Papierverbrauch und Ähnlichem hinaus. Der Sportartikelhersteller Puma hat vor Kurzem als einer der ersten größeren Konzerne hierzu eine Bilanz vorgelegt. So verursachen die Firmenaktivitäten laut eigenen Angaben Umweltschäden von 145 Millionen Euro pro Jahr. Berücksichtigt werden dabei alle Produktionsschritte, von der Erzeugung und Verarbeitung der Rohstoffe bis zum Verkauf. Der Großteil der Schäden wird bei den Zulieferern erzeugt. Vor allem die Rohstoffproduktion von Leder, Baumwolle und Kautschuk fällt dabei ins Gewicht. Die Zahlen sollen nun helfen, die Bilanz in den nächsten Jahren zu verbessern – das Argument ist einfach und konsequent. Es sollen damit Kosten gespart werden. Und nicht zuletzt geht es ums Image. Mehr und mehr Verbraucher achten gerade bei hochwertigen und teuren Marken wie Puma auf Umweltaspekte. Die Marktmacht umweltbewusster Käufer nimmt zu, und wäre es da nicht hilfreich, auf jedem Produkt eine verpflichtende Ökobilanz zu haben? Spätestens mit dieser Entwicklung ist das „Geschäftsrisiko Biodiversität" – das Ignorieren des nullten Sektors in der Wirtschaft – im Denken einiger Firmen angekommen. Bei den Firmen, die schon länger darüber nachdenken, ist Biodiversität längst zu einem Teil des Business geworden. Sei es, dass, wie bei Puma, darüber nachgedacht wird, wie man durch geringeren Ressourcenverbrauch Kosten einsparen kann, oder dass man den Verbraucher und seine Bedenken gegenüber umweltunfreundlichen Produkten ernster nimmt. Auch die Marktchancen steigen.

Viele umweltfreundliche Produkte, nicht nur aus der Landwirtschaft, verzeichnen deutlich höhere Steigerungsraten im Verkauf und teilweise auch höhere Gewinnmargen als konventionelle Produkte.

Wandel in der Wahrnehmung – mit unserer dualen Natur umgehen lernen

Der US-amerikanische Biologe Paul R. Ehrlich stellt in einem seiner Artikel zum Verlust der Biodiversität einen anschaulichen Vergleich an, was das Verhältnis des Menschen zu seiner Umwelt betrifft. Er schreibt, dass der Mensch, gemessen an der durchschnittlichen Lebenserwartung eines Säugetieres, in evolutionären Maßstäben noch recht jung ist. Die durchschnittliche Säugetierart überlebt etwa eine Million Jahre, bevor sie ausstirbt. Der Homo sapiens ist gerade mal 200 000 Jahre alt und damit evolutionär gesehen in seiner mittleren Jugendzeit. Man könnte auch sagen, wir sind ein Teenager und legen noch dessen typischen Eigenschaften an den Tag – mal etwas narzisstisch, mal verzogen, mal nachdenklich und frustriert und generell sehr egoistisch behandeln wir die Welt, die uns ernährt, und wir machen uns wenig Gedanken über die Konsequenzen. Dieses Bild passt zu dem von Wolfgang Haber beschriebenen Bild des dualen Wesens: zum einen des biologischen Wesens, das Natur für seine Grundbedürfnisse und sein Wohlbefinden nutzt; zum anderen des geistigen Wesens, das einerseits diese Nutzung aus Profitstreben und anderen Beweggründen überziehen, andererseits bewusst entscheiden kann, eine solche Übernutzung zu beenden oder zu vermeiden.

Ein aktuelles Beispiel mag diesen Zwiespalt verdeutlichen. In den vergangenen Jahren verstärkt sich die Diskussion darüber, ob in Europa und in Deutschland der Fleischkonsum zu hoch ist. In zahlreichen Büchern wird der Vegetarismus propagiert. Die Argumente sind vielfältig und werden von unterschiedlichen Gruppen als Argumente gegen Fleischkonsum angeführt. Zum klassischen Argument des Tierschutzes, das Tieren ein Recht auf ein freies Leben zugesteht und die Zustände in der Massentierhaltung anprangert, kommen heute zunehmend auch Argumente des allgemeinen Umweltschutzes hinzu, vor allem des Klimaschutzes. Die Fleischproduktion verbraucht ein Vielfaches an Ressourcen, die man benötigt, um dieselbe Menge an Kalorien durch pflanzliche Nahrung zur Verfügung zu stellen. Der Klimaeffekt insbesondere von Wiederkäuern wie Rindern kommt noch dazu, weil sie zusätzlich große Mengen Methan ausstoßen. Methan ist ein 25-mal wirksameres Klimagas als CO_2. Für viele sind das klare Gründe, sich bewusst gegen Fleischkonsum zu entscheiden.

Auf der anderen Seite bricht sich unsere biologische Seite Bahn mit dem Argument, dass der Mensch schon immer ein Allesfresser gewesen ist und tierische Nahrung zu seinem Wohlergehen beiträgt oder gar für seine Gesundheit essenziell ist. Es gibt einige Ernährungswissenschaftler und Mediziner, die argumentieren, dass die meisten Volkskrankheiten des Herz- und Kreislaufsystems, Übergewicht und Diabetes mit unseren Veranlagungen aus der Steinzeit zu tun haben. Unser Körper kann schlicht mit unserer modernen Ernährung und deren Schwerpunkt auf Getreide- und Milchprodukte noch nicht umgehen, man sollte sich bei der Ernährung auf das konzentrieren, was auch unsere Vorfahren als Jäger und Sammler zu sich nahmen: Wurzeln, Beeren, Nüsse – und eben Fleisch. Dies sei die einzig gesunde Ernährung – und vielleicht ein gutes Argument für Fleischkonsum. Wie finden wir uns in all diesen moralischen, umweltschutzbezogenen wie gesundheitsbezogenen Argumenten zurecht? Wie soll man sich als Einzelner oder als Gesellschaft entscheiden?

Neben der Gesundheit ist auch Sicherheit ein hohes Gut. Und an der Basis von allem steht Ernährungssicherheit – ein weiteres Thema, das in Zeiten steigender Lebensmittelgrundpreise und einer wachsenden Weltbevölkerung mit wachsender Intensität diskutiert wird. Sicherheit der Ernährung war lange Zeit die oberste Prämisse der europäischen Landwirtschaft. Die ersten Schritte zur heutigen landwirtschaftlichen Monotonie und Intensivierung waren von diesem Bestreben nach einer sicheren Versorgung mit Grundnahrungsmitteln getrieben – und dank Investitionen und Subventionen enorm erfolgreich, bis es in den 1980er-Jahren Milchseen, Butterberge und Getreidegebirge gab, die wiederum mit Subventionen abgetragen werden mussten. Die Monotonie dieser Massenproduktion würde uns heute längst nicht mehr schmecken. Wir haben inzwischen gelernt, eine neue Vielfalt daraus herzustellen und den Welthandel für uns nutzbar zu machen. Einst teure Produkte aus aller Welt wie Vanille, Kakao, Ananas oder Rooibos-Tee sind überall erhältlich und erschwinglich geworden.

Damit ist der Welthandel seit den Zeiten des Aussterbens des Dodos zu einem der zentralen Treiber für den Verlust der Biodiversität geworden. Er wirkt sich auf alle fünf Facetten des Verlusts aus. Nicht nur ebnet er invasiven Arten den Weg in andere Weltregionen. Vor allem macht er es attraktiver, Exportgüter anzubauen. Eine aktuelle Studie zur Rolle des Handels bei dem Verlust an Arten zeigt dies exemplarisch. Manfred Lenzen und sein Team verbanden die Daten von 7000 Arten, die in der internationalen Roten Liste als bedroht aufgeführt sind, mit den Produktionsgebieten von 15 000 Verbrauchsgütern. Dabei wird erkennbar, wie stark der weltweite Handel über seinen Einfluss auf Landwirtschaft, Forstwirtschaft und Fischerei viele Arten beeinträchtigt. Allein 139 Arten sind laut der Studie in Malaysia von der Ausbreitung der Landwirtschaft für den Welthandel betroffen. Aber auch die Verschmutzung spielt eine Rolle – in China sind 304 Arten davon betroffen. Lenzen macht eine interessante Rechnung auf: Demnach sind die USA für nahezu 1000 bedrohte Tierarten weltweit verantwortlich, Japan kommt auf über 700, Deutschland immerhin als Nummer drei auf ca. 300, die meisten davon außerhalb Deutschlands. Den höchsten „Netto-Export" an bedrohten Arten weisen Indonesien, Madagaskar, Papua-Neuguinea und Malaysia auf, die zwischen 150 und 200 Arten durch ihre Exporte gefährden. Als Beispiele nennen die Autoren den indonesischen Tiger *(Panthera tigris)* oder den südlichen Serau *(Capricornis sumatraensis)*, eine Ziegenart der tropischen Gebirgsregionen.

Auch wenn diese Verbindung zwischen einzelnen Produkten und einzelnen Arten zunächst recht hypothetisch klingt, wird doch das Dilemma deutlich, in dem wir weltweit stecken. Die Bedrohung der Vielfalt und der Verlust an Ökosystemen findet lokal statt, wird aber mittlerweile durch so viele menschliche Bedürfnisse getrieben, dass es kaum möglich ist, die indirekten Treiber, die vom Streben nach Wohlstand, Sicherheit und Wohlbefinden sowohl unserer biologischen Bedürfnisse als auch unserer bewussten Entscheidungen motiviert sind, einzeln zu separieren und anzugehen. Das macht den Umgang mit ihnen nicht eben einfach, letztendlich müssen wir aber versuchen, dies mit unserem Wissen über die Natur und unserem Wissen über den Umgang mit ihr anzugehen. Wertschätzung auf die verschiedenste Art wird dabei eine zentrale Rolle spielen.

Dreiklang der Wertschätzung: bewusst machen, sichtbar machen, einfangen

Stellen Sie sich vor, es klingelt an der Tür. Sie öffnen, und vor Ihnen steht Mutter Natur, um Ihnen die Rechnung für Ihre jährliche Naturnutzung zu präsentieren. Posten wären unter anderem Sonnenauf- und -untergang, Bewässerung Ihres Gartens, Bäume und Äpfel und der Ausblick und die gesunde Luft am Strand der Insel Juist beim letzten Urlaub. Ein aufgestelltes Regenfass und ein neu gepflanzter Baum ließen sich anrechnen auf ein neue Klimaanlage und deren Energieverbrauch. Aber allein die Sauerstoffrechnung wäre in jedem Falle ziemlich hoch.

Diese kleine Szene entstammt einem Werbefilm, der im Rahmen des TEEB-Projekts im Jahr 2010 entstand. Als ich mit vielen Kolleginnen und Kollegen an meinem Institut und in der ganzen Welt an der Studie arbeitete, kam immer wieder ein Bedenken auf: Wir können und dürfen nicht, wie Mutter Natur es sehr plakativ im erwähnten Film macht, auf alles aus der Natur einfach ein Preisschild kleben. Dann reduziert sich Natur zu einem Gut, das nur gehandelt und gegen anderes preislich aufgewogen werden kann. Ein Dodo würde dann vielleicht auch heute noch auf seinen Wert als Kalorienlieferant für ausgehungerte Seefahrer reduziert werden – oder auf eine unschätzbar wertvolle Ikone des Artenschutzes, für deren Überleben Millionen gespendet würden.

Aber genauso, wie ein heute wiederentdeckter Dodo unbezahlbar wäre, so ist auch das Erlebnis eines schönen Sonnenuntergangs, insbesondere wenn man ihn an Orten wie dem Grand Canyon oder auf einer Nordseeinsel erlebt, nur schwer in Dollar oder Euro zu bemessen. Trotzdem muss man sich im Klaren darüber sein, dass auch mit solchen immateriellen Werten Geld verdient wird und wir ihnen damit ohnehin einen monetären Wert beimessen. Auf der Insel Juist kann man sogar sagen, dass man dort einen Preis dafür hat: die Kosten für Anreise und Übernachtung – plus 3,20 Euro Kurtaxe pro Tag. Mit dieser Nutzungsgebühr wird die Infrastruktur der Insel erhalten, damit Besucher den Sonnenaufgang am Deich und den Sonnenuntergang am Strand überhaupt genießen können. Dafür wird auch der Müll vom Strand geräumt, den die Flut täglich antreibt, um das Erlebnis noch etwas zu verschönern.

Wert und Wertschätzung sind aber vielschichtiger als eine Bewertung mit Preisen wie bei einem Kilogramm Kartoffeln oder einem Kubikmeter Trinkwasser. Schon in anderen Teilen der Welt würde man für das Letztere nicht unbedingt etwas bezahlen wollen, denn es wird als Allgemeingut aller angesehen. Aber auch Zahlen wie der „Wert" eines Nationalparks aufgrund der Ausgaben und Besucherzahlen der Touristen können helfen, die Wertschätzung von Natur zu verdeutlichen. Die TEEB-Studie hat dies in einem Dreiklang des Wertes der Natur dargestellt, der hier helfen kann, sich mit dem Facettenreichtum der Natur und ihrem Nutzen als nullter Sektor unseres Wirtschaftens angemessen auseinanderzusetzen.

Stufe 1 – Werte anerkennen und bewusst machen

Jeder von uns und jede menschliche Gesellschaft schätzt in der einen oder anderen Form die Natur. Dies kann aus religiösen Gründen, aus Gründen der Lebenserhaltung oder anderen kulturellen Gründen geschehen. Heilige Haine oder Plätze können eine Rolle spielen, die Erhaltung der Ernährungsgrundlage, die ein Acker oder ein Fluss sein kann, aber auch die Freude am eigenen Garten oder an der Vogelbeobachtung an der Nordsee. In Deutschland bildet diese Wertschätzung eine wesentliche Grundlage unseres Naturschutzgesetzes. In vielen Fällen wird eine solche kulturell begründete Wertschätzung ausreichen, um die Natur zu erhalten. Auch die Idee eines Weltnaturerbes und unseres Schutzgebietssystems mit Nationalparks und kleineren Naturschutzgebieten kommt dem nahe, denn ökonomische Erwägungen spielen hier keine Rolle, im Gegenteil: Wenn der Tourismus in einem Schutzgebiet wie dem Wattenmeer nicht zu einem Mindestmaß geregelt ist, wird das Gebiet keine Chance haben, den Welterbe-Status zu erreichen. Bereits hier fangen aber auch die verschiedenen Sichtweisen von Werten an: Es wird Stimmen geben, die sagen, dass das Wattenmeer aufgrund seiner zahlreichen Touristen, der Fischerei und anderer Nutzungen den Titel als Weltnaturerbe nicht verdient. Andere werden sagen, dass ein solcher Titel und seine Verpflichtungen die ökonomische Entwicklung eher behindern.

Stufe 2 – Werte sichtbar machen

In dem oben genannten Fall wird es sinnvoll sein, sich des Umfangs der ökonomischen Werte, die die Natur in Form von angelockten Erholungssuchenden „liefert", bewusst zu werden und gleichzeitig Zahlen zu erhalten, die die daraus resultierende Belastung messen können. So zeigen die Untersuchungen des Würzburger Geografen Hubert Job zu den regionalwirtschaftlichen Auswirkungen von Nationalparks, dass die Region des Niedersächsischen Wattenmeers durch den Nationalpark einen Betrag von 525 Millionen Euro umfasst. Ein solcher quantitativer Nachweis eines ökonomischen Nutzens oder Schadens kann für Politik, Wirtschaft und Gesellschaft hilfreich sein, um alle Kosten und Nutzen einer Entscheidung, etwa einer geplanten Umwandlung eines Ökosystems in eine Nutzfläche, sichtbar zu machen. Sonst bleibt die heutige Situation bestehen, bei der einzig andere „harte" Fakten diskutiert werden, zum Beispiel der Arbeitsplatzeffekt einer Maßnahme wie etwa eines neuen großen Hotels am Strand. Solche Kosten-Nutzen-Analysen sind bei ökonomischen Projekten selbstverständlich. Kein Investor würde auf die Idee kommen, ein größeres Projekt ohne eine solche Analyse zu planen.

Nur kommen in vielen heutigen Verfahren die Biodiversität und ihre Leistungen kaum oder gar nicht vor. Häufig beschränkt sich der Blick auf die Natur hier auf Aspekte der ersten Stufe –

also auf die Frage, ob eine seltene Art gefährdet oder ein seltenes Biotop beeinträchtigt oder gar zerstört wird.

Kosten durch den Verlust von Ökosystemleistungen werden kaum betrachtet, auch weil sie auf kleinen Flächen nicht ins Gewicht zu fallen scheinen. Das Beispiel des deutschlandweiten Flächenverbrauchs macht dies deutlich: Ein einzelnes neues Wohngebiet von einem halben Hektar irgendwo am Rande einer Kleinstadt mag wenig relevant erscheinen, im Gesamten dieser Einzelentscheidungen, die Tag für Tag getroffen werden, summiert sich dies jedoch zu Zahlen von bis zu hundert Hektar neu versiegelter Fläche pro Tag. Das Fällen eines einzelnen Baums in der Stadt mag marginal erscheinen, berücksichtigt man aber die Blattfläche einer hundertjährigen Buche mit ca. 15 000 Quadratmetern und ihre Filterwirkung von bis zu 36 000 Kubikmetern Luft pro Tag und addiert alle gefällten Bäume pro Jahr, wird die große Bedeutung für die Luftreinhaltung in der Stadt deutlich. In den letzten Jahren sind in vielen deutschen Städten die Baumschutzsatzungen, die das Fällen von größeren Bäumen im Stadtgebiet stark eingeschränkten, zunehmend aufgeweicht worden. Diese Gesamtwirkung wurde dabei sicherlich nicht berücksichtigt.

Man benötigt also Zahlen auf verschiedenen Ebenen, die die Wirkungen von Eingriffen in Ökosysteme besser verdeutlichen und bewerten und damit Entscheidungen über alternative Handlungsoptionen aufzeigen. Man wird dabei nie alle Aspekte des Facettenreichtums der Natur „auf Heller und Pfennig" berechnen können. Aber viele zentrale Ökosystemdienstleistungen sind heutzutage mit ökonomischen Methoden erfassbar. Auch werden solche Informationen zeigen, wer von Maßnahmen betroffen ist – vielleicht nicht nur die Bevölkerung vor Ort, sondern auch andere, weiter weg lebende Gruppen. Dies kann zum Beispiel bei der Entscheidung darüber der Fall sein, ob man an einem Fluss eine große Überflutungsfläche anlegt oder einen Deich rückverlegt, um zukünftige Hochwasser besser abzupuffern. Vor Ort betrifft es Landwirte, die Ackerflächen verlieren, und Gemeinden, die darauf verzichten müssen, flussnahe Baugebiete auszuweisen. Der Nutzen entsteht erst in den Gemeinden flussabwärts, bei denen enorme Schäden durch eine Überflutung vermieden werden könnten – und das vielleicht erst in zehn oder dreißig Jahren, wenn die nächste Flut kommt.

Bei allen Messungen ist aber, wie das Beispiel von Pavan Sukhdev aus seinem Vortrag in Sydney zeigt, auch klar: Der Gesamtwert der Leistungen der Natur wird tendenziell immer unterschätzt. Hier kennt auch die Gesetzgebung ein Prinzip, das solche Faktoren berücksichtigt – das Vorsorgeprinzip: Wird Natur von essenzieller Bedeutung durch geplante menschliche Aktivitäten gefährdet, sollten diese Aktivitäten vermieden werden, um auf der sicheren Seite zu sein.

Stufe 3 – Werte einfangen

Mit dem Einfangen von Werten ist die Nutzung von ökonomischen Ansätzen in politischen Maßnahmen gemeint. Während auf Stufe 2 die Informationen über ökonomische Werte der Natur nur zur Entscheidungsunterstützung dienen, mag es in manchen Fällen sinnvoll sein, die daraus gewonnenen Erkenntnisse in ökonomischen Instrumenten umzusetzen. In vielen Fällen tun wir dies heute schon – wenn wir unsere Lebensmittel bezahlen und dabei für ökologisch produzierte Waren einen höheren Preis akzeptieren, sodass ein Landwirt die Natur nicht mit künstlichen Düngemitteln und Pestiziden belastet, dafür aber Ertragseinbußen in Kauf nimmt.

Aber die Instrumente gehen weit über die Märkte von Naturprodukten des primären Sektors hinaus: Verbote und Abgaben etwa auf Umweltverschmutzung sind seit Langem ein wirksames Mittel, um die Wirtschaft zu umweltfreundlicherem Verhalten zu motivieren. Nur sind diese Ansätze in den vergangenen Jahrzehnten als Wirtschaftsbehinderer in Misskredit geraten, weil man die Erhaltung der natürlichen Ressourcen nicht in Wirtschaftlichkeitsberechnungen berücksichtigt – siehe oben. Stattdessen dominieren häufig noch Subventionen für Wirtschaftsbereiche, die umweltschädlich sind, nicht nur in der Land- und Forstwirtschaft, sondern auch im Industrie- und Dienstleistungssektor. Nach verschiedenen Schätzungen lagen Mitte der 2000er-Jahre die Subventionen für die Landwirtschaft weltweit bei 260 Milliarden US-Dollar pro Jahr, die Fischerei kam 2008 immerhin auf 15 bis 35 Milliarden US-Dollar. Der Energiesektor kam im Jahr 2009 sogar auf 500 Milliarden US-Dollar. Ein Großteil davon hat umweltschädliche Auswirkungen. Als Preissignale und Anreize für eine naturverträgliche Nutzung wäre ein Umlenken solcher Subventionen höchst wirkungsvoll und könnte sogar neue Märkte schaffen.

Bei der Umsetzung solcher ökonomischer Maßnahmen ist aber auch Vorsicht geboten. Man muss darauf achten, dass Teile der Natur, die uns in erster Linie aufgrund unserer allgemeinen Wertschätzung wichtig sind, durch die Maßnahmen nicht quasiprivatisiert und vermarktet werden und die ökonomische Sichtweise überhandnimmt. Es wäre zum Beispiel keine gute Idee, einem Investor ein Schutzgebiet anzuvertrauen, das er finanziert, indem er die örtliche Bevölkerung für das von dort kommende Wasser bezahlen lässt, das zuvor als Allgemeingut kostenlos aus der Natur zu bekommen war. In solchen Fällen Marktmechanismen einzuführen ist schwierig. Warum aber sollen Besitzer oder Nutzer von Flächen, die ohnehin vornehmlich der Produktion von Naturgütern dienen, nicht auch zum Teil für die Bereitstellung anderer Güter bezahlt werden? Der Wasserproduzent Vittel aus Frankreich macht dies vor: Weil die Quellen für das weltweit verkaufte Wasser Gefahr liefen, zu stark durch Düngemittel aus der Landwirtschaft belastet zu werden, bezahlt Vittel die Landwirte in der gleichnamigen Gemeinde in Lothringen nun dafür, dass sie weniger Dünger einsetzen. Dadurch werden zwar die Erträge der Landwirtschaft gemindert, die Landwirte werden damit aber quasi zu Vielfaltsproduzenten: Nicht allein Nahrungsmittel, sondern auch gesundes Wasser wird durch ihr Handeln zur Verfügung gestellt.

Die Werte, die uns auf den verschiedenen Stufen begleiten, sind unterschiedlich und vermischen unsere biologische und geistige Auseinandersetzung mit der Natur. Diese Vermischung macht es nicht unbedingt leichter, sofort die besten Entscheidungen zu treffen. Aber es hilft, Grenzen zu erkennen und Risiken bei den Entscheidungen besser einzuschätzen. Denn eines zeigt sich immer wieder, sei es bei der Gefahrenabschätzung der Einführung einer fremden Art oder bei Überlegungen, wie die Aalpopulation und ihre Nutzung in Europa erhalten werden kann: Trotz aller Forschung gibt es immer wieder Unsicherheiten, die uns dazu auffordern, das Management unserer natürlichen Ressourcen ständig neu zu überdenken und anzupassen. Gerade die Verquickung einzelner Faktoren macht dies notwendig.

Auch das ist etwas, was unserem Wohlbefinden widerspricht. Wir wollen Sicherheit. Wir wollen, dass Entscheidungen, die wir einmal getroffen haben, effizient sind, sodass wir uns für eine Weile nicht mehr mit dem Thema beschäftigen müssen. Dies gilt für unsere Arbeitsplatzentscheidungen und die Entscheidungen über eine Geldanlage ebenso wie bei unserer Entscheidung, wie eine Naturressource zu managen ist. So hatte die Forstwirtschaft in Deutschland lange Zeit ein klares Ziel und eine klare Struktur: dauerhaft die Holzversorgung sicherzustellen. Die Zeithorizonte sind dabei ohnehin schon langfristig angelegt, Bäume wachsen langsam, und die Waldfläche ist begrenzt. Nun aber ändern sich die Vorzeichen. Die Auswahl von Baumarten muss an den Klimawandel mit längeren Trockenphasen im Sommer und mehr Regen im Winter angepasst werden. Auch sind Fichtenmonokulturen für Stürme stärker anfällig als Mischwälder. Man muss also seine Rezepte der Waldbewirtschaftung anpassen und bleibt doch an die Zeiträume gebunden, die das Waldwachstum vorgibt. Man plant heute, was man in fünfzig bis 150 Jahren ernten wird. Aber wer mag voraussehen, wie sich das Klima bis dahin genau ändert? Flexibilisierung im Denken tut also Not.

Dabei kann der TEEB-Dreiklang an Bewertungsschritten helfen. Denn er macht deutlich, dass ein Wald eben nicht nur Holz, sondern auch andere Dienstleistungen liefert. In einigen Fällen ist das bekannt, wie bei der Wasserfilterung und Bereitstellung von Trinkwasser, bei der Wälder eine wichtige Rolle spielen. Aber nicht jeder Wald hat für uns die gleiche Bedeutung, selbst wenn es jeweils hundert Hektar eines hundertjährigen Buchenwaldes sind. Liegt er in einem Mittelgebirge, weitab von größeren Städten, wird die Holznutzung und vielleicht noch die Wasserrückhaltefunktion am Oberlauf eines Flusses die Hauptrolle spielen. Doch schon heute wird diskutiert, wie die Kohlenstoff-Speicherfunktion von Wäldern in deren Bewirtschaftung berücksichtigt werden kann. Diese Funktion, vor zwanzig Jahren noch vollkommen uninteressant, rückt plötzlich in den Fokus der Aufmerksamkeit. Gerade solche Regulationsleistungen werden häufig nicht berücksichtigt, wenn es um die Wertschätzung von Ökosystemen und gerade von Wäldern geht.

Liegen unsere hundert Hektar aber direkt neben einer Stadt und befindet sich der Wald in kommunalem Besitz, ändert sich der Blick auf das Stück Wald – und ebenso dessen Wert. Die Trinkwassergewinnung gewinnt einen höheren Stellenwert und gleichfalls der Erholungsnutzen. Die Stadt Freiburg im Breisgau hat einen solchen Wald. Dieser verzeichnet aufgrund seiner Lage direkt in und an der Stadt ca. vier Millionen Besuche pro Jahr. Um das zu ermöglichen, gibt die Forstverwaltung viel Geld aus – so kostet die Unterhaltung von Wegen und Infrastruktur 900 000 Euro im Jahr. Man könnte auch sagen, ein Besuch kostet

23 Cent. Der Gewinn, den die Gesellschaft daraus zieht, ist schwer zu beziffern. Aber allein die Ausgaben, die durch die gesundheitsfördernde Wirkung des Waldes vermieden werden, dürften die Kosten um ein Vielfaches übersteigen. Und auch die Identifikation mit „unserem Wald" mag eine Rolle spielen – viele Freiburger holen sich einmal im Jahr ihr Brennholz aus dem Wald und treffen sich zu einem Holzfest, wo die Parzellen zum Holzmachen versteigert werden. Auch gibt es in Freiburg diverse Waldkindergärten und einen Seilgarten zur Naturerfahrung – eine Wertschöpfung des Waldes in Form von fünfzehn und mehr Arbeitsplätzen.

Diese komplexe Wertschätzung des Freiburger Stadtwaldes drückt sich auch politisch aus – in der Freiburger Waldkonvention von 2001. Dort wird festgelegt, dass die Leistungen des Waldes – Holzproduktion, Erholung und Klimaschutzfunktion – für das lokale Klima ebenso wie für die Kohlenstofffestlegung gleichberechtigt nebeneinanderstehen sollen. Ökonomischer, ökologischer wie sozialer Nutzen sollen optimiert werden. Das Freiburger Forstamt spricht hier sogar von drei „Produktlinien": Holz, Ökologie und Freizeit. Es geht also nicht mehr um maximalen Gewinn (wie heute noch in vielen anderen Forstämtern), sondern um den maximalen Gesamtnutzen. Das bedeutet für das Forstamt, auf Einnahmen aus einem verstärkten Holzverkauf zu verzichten und damit auch die Ausgaben für das Wegenetz für die Erholung weniger kompensieren zu können und möglicherweise auf einen Zuschuss aus der Stadtkasse angewiesen zu sein.

Letztlich finden damit in der Freiburger Waldnutzung alle drei Ebenen des TEEB-Dreiklangs Anwendung: Eine allgemeine Wertschätzung des Waldes (Stufe 1) verbindet sich mit der Analyse und Darstellung von ökonomischen Werten, etwa durch Besucherzahlen und Arbeitsplätze durch den Wald (Stufe 2). Die dritte Stufe zeigt sich in der Holzwirtschaft – wie in jedem bewirtschafteten Wald. Theoretisch könnte man auch einen Schritt weiter gehen und die 23 Cent an Kosten für die Erholungsfunktion über ein Eintrittsgeld erheben oder eine Waldnutzungsabgabe für alle Haushalte einführen. Aber auch hier ist der Konsens in Freiburg eindeutig – man will das nicht. Die anderen ökonomischen Einnahmen des Forstbetriebs müssen dies kompensieren. Es gelingt, den sichtbaren volkswirtschaftlichen Nutzen des Waldes, ausgedrückt in den Preisen und Kubikmetern des verkauften Holzes, mit öffentlichen Leistungen und Gütern des Waldes in einem Konzept zusammenzubringen. Durch die naturnahe Waldwirtschaft, die sich daraus ergibt, profitiert auch die Biodiversität. Ein Dreiklang klingt eben nur, wenn all drei Töne richtig getroffen sind.

Das Freiburger Beispiel zeigt Möglichkeiten auf der lokalen Ebene. Es gibt aber auch nationale Ansätze, um zum Beispiel die Regulationsleistungen von Wäldern nicht nur sichtbar zu machen, sondern auch durch Zahlungen für deren Erhalt zu einen sichtbaren Gut zu machen. Mexiko hat 2003 ein solches Zahlungssystem eingerichtet. Es ermöglicht es, einen Teil der Einnahmen aus Wassergebühren für Schutzmaßnahmen der Wälder einzusetzen. So können Waldbesitzer staatliche Zahlungen beantragen, wenn sie sich verpflichten, Waldflächen zu erhalten und eine Umwandlung in landwirtschaftliche Flächen zu unterlassen. Dabei werden Gebiete bevorzugt behandelt, die für die Grundwasserneubildung, die Gewässerqualität und auch den Hochwasserschutz besonders wichtig sind. Auch das Ausmaß der Armut und des Entwaldungsrisikos werden berücksichtigt. In den ersten sieben Jahren beteiligten sich 3000 Waldbesitzer an dem Programm, mit einer Fläche von über 2,3 Millionen Hektar. Es wurden Zahlungen im Wert von mehr als 300 Millionen US-Dollar ausgeschüttet, und die Entwaldungsrate reduzierte sich von 1,6 auf 0,6 Prozent pro Jahr. Gleichzeitig wurden damit Emissionen von 3,2 Millionen Tonnen CO_2-Äquivalenten vermieden.

Diese Beispiele verdeutlichen, dass sich die verschiedenen Werte und Wertsichtweisen der Menschen zusammenbringen lassen. Die verschiedenen „Nützlichkeiten" der Natur können nebeneinandergestellt und Lösungen gefunden werden, wie sie gemeinsam genutzt werden können – für eine bestimmte Zeitspanne. Denn ebenso, wie es integrierte Bewertungen geben kann, ändern sich auch die Sichtweisen auf den Stellenwert einzelner Werte. Vor zwanzig bis dreißig Jahren hätten nur sehr wenige Experten der Kohlenstoffspeicherfunktion von Wäldern und Mooren einen hohen Wert beigemessen. Heute ist dies anders. Vor zweihundert Jahren war die Wahrnehmung der Leistungen des Stadtwaldes in Freiburg noch eine ganz andere. Holzeinschlag war wichtig, noch viel wichtiger war aber die Waldweide, bei der die Schweine der Bauern gegen eine teure Abgabe zur Eichelmast in den Wald getrieben wurden. Die Eiche im Wald war dadurch in erster Linie Versorger für die Tiere, das Holz trat dagegen deutlich zurück. Gleiches könnte man von den Salzwiesen, den Dünen und dem Strand auf der Insel Juist erzählen. Wertschätzungen ändern sich beständig, wie es auch die Natur selber tut. Vor allem wird aber die Wertschätzung von Natur in der Wirtschaft von entscheidender zukünftiger Bedeutung sein.

Biodiversität persönlich nehmen – acht Dinge für den täglichen Gebrauch

Wirtschaft wie auch Politik werden einen wichtigen Anteil daran haben, wenn wir uns hin zu einem besseren Umgang mit unserer Biodiversität entwickeln wollen. Die Wirtschaft hat ein essenzielles Interesse daran, auch zukünftig weiter wirtschaften zu können. Den nullten Sektor dabei ernst zu nehmen ist eine zentrale Herausforderung. Damit die Einsicht in eine solche anders ausgerichtete Wirtschaft schnell wächst, wird es der Trendsetter bedürfen, in der Wirtschaft wie auch in der Gesellschaft. Und es wird des Drucks durch die liebste, aber auch gefürchtetste Spezies der Unternehmen bedürfen – den Homo oeconomicus, auch Konsument genannt. Der große ökologische Fußabdruck, den jeder Deutsche auf der Welt hinterlässt, ist ein Punkt, wo jeder selbst ranmuss, damit aber auch durch ein verändertes Verhalten Unternehmen zum Umsteuern motivieren kann.

Um mit dem Mehr und dem Weniger an und in der Natur umzugehen, kann man vieles tun. Es mag vielleicht nicht so offensichtlich erscheinen wie bei der Frage des Klimawandels, wo man mittlerweile weiß, dass man weniger Auto fahren, seine Wohnung dämmen und Ökostrom nutzen sollte. Auf Flugreisen sollte man auch verzichten oder sie zumindest kompensieren und sie damit dem wahren Preis etwas näher bringen. Biologische Vielfalt betrifft uns aber in allen nur denkbaren Facetten, und so könnte man eher viele kleine als wenige große Dinge auflisten, bei denen man aktiv werden kann – wo ein bewusstes Mehr und Weniger an Aktivität zu einem Mehr an Biodiversität und einem Weniger an ihrem Verlust führen kann.

Und doch: Mit vielen kleinen Handlungen bringen wir unsere Wertschätzung auf allen drei Stufen zum Ausdruck und können einen Beitrag dazu leisten, den Druck auf die Biodiversität in vielfältiger Weise zu reduzieren, wie die Tabelle auf der folgenden Seite zeigt. Zu drei Wertschätzungsstufen und den fünf Hauptgründen für den Biodiversitätsverlust bietet es sich an, einmal acht ganz unterschiedliche persönliche Handlungsfelder zu betrachten.

Wald und Fisch auf Empfehlung. Ein zentrales Problem unserer Konsumwelt ist, dass die allermeisten Produkte nicht die ökologische, aber auch nicht die soziale Wahrheit ihrer Kosten für Mensch und Natur in ihren Preis aufnehmen. So werden Fischerei und Landwirtschaft in Europa beim Treibstoffverbrauch subventioniert, um nur einen Faktor zu nennen. Das Fischen eines Kilogramms Nordseescholle braucht rein statistisch gesehen mehrere Liter Erdöl – rein energetisch auf den Brennwert von Scholle und Öl umgerechnet, wäre das ein erhebliches Minusgeschäft.

Viele Produkte aus Asien und Mittel- und Südamerika sowie aus Afrika werden bekanntermaßen unter schlechten ökologischen wie sozialen Bedingungen produziert. Da erscheint es nur

	Wertschätzung für Biodiversität …			Entlastung der Biodiversität durch weniger …				
	bewusst machen	sichtbar machen	einfangen	Lebensraumwandel	Klimawandel	invasive Arten	Übernutzung	Verschmutzung
Holz und Fisch auf Empfehlung			✔	✔			✔	
Die größte Vielfalt fördern	✔			✔				
Natur im Garten	✔	✔		✔		✔		
Wieder mehr Moor		✔	✔	✔	✔			✔
Weniger Fleisch	✔		✔	✔	✔		✔	✔
Regional essen		✔			✔		✔	
Weniger Plaste			✔					✔
Energie neu denken	✔	✔	✔		✔			✔

Acht persönliche Aktivitäten zum Wohle der Biodiversität, welcher Ansatz der Wertschätzung dahintersteht und wie sie die Biodiversität entlasten.

sinnvoll, den Einfluss des massiven Preisdrucks, der vom Verbraucher bis zum Erzeuger reicht, aufzubrechen. Die Gewinne, die zumeist in Zwischenstationen wie Verarbeitung und Handel gemacht werden, können für bessere soziale und ökologische Bedingungen in der Herstellung sorgen. Etwa in Form einer Prämie, die einerseits vor Ort der Produktion ein besseres Einkommen sichert und die andererseits dafür belohnt, dass Arten und Ökosysteme durch die Produktion weniger geschädigt werden. Die heute weit verbreiteten Zertifizierungssysteme wie Transfair, FSC (Forest Stewardship Council) oder MSC (Marine Stewardship Council) sind wichtige Erfolgsbeispiele, und es werden immer mehr. Auch die diversen Biosiegel für ökologisch produzierte Lebensmittel sind von Bedeutung. Wie schon erwähnt, steigen die Umsätze und Gewinnmargen in solchen Bereichen tendenziell stärker als in den konventionellen Märkten. Dabei sind die Herausforderungen, ein solches System für ein Produkt aus einem bestimmten Ökosystem aufzubauen, wiederum nicht trivial. Schließlich muss man ökonomische, soziale und ökologische Kriterien unter einen Hut bringen. Je nach Siegel spielen mal die einen, mal die anderen Faktoren eine größere Rolle. Manche Siegel werden dafür kritisiert, dass die ökologischen Auflagen zu hoch sind, manche dafür, diese seien zu niedrig, ökonomischen Interessen werde nur ein grünes Mäntelchen umgehängt. Bei Biosiegeln für ökologisch produzierte Lebensmittel hat dies zu einem Siegel-Wirrwarr geführt, der einen Überblick schwer macht. Mittlerweile kreieren große Firmen sogar ihre eigenen Siegel.

Ein Beispiel ist das MSC-Siegel für nachhaltige Fischerei. Zunächst 1997 vom WWF und dem Lebensmittelkonzern Unilever geschaffen, dauerte es einige Jahre, bis das MSC-Siegel eine weite Verbreitung fand. Heute findet man in fast jedem Supermarkt Fischprodukte, die das Siegel tragen. Durch die stark zunehmende Zahl zertifizierter Fischereien stieg auch die Kritik am

MSC, nicht alle der Betriebe würden wirklich umweltverträglich arbeiten. Denn neben der Diskussion um die Kriterien für die Zertifizierung tritt noch die Problematik der Überwachung hinzu: Einen Wald oder einen Agrarbetrieb regelmäßig zu besuchen und das Ausmaß der Fällarbeiten im Wald zu überwachen ist einfach, verglichen mit den Abschätzungen, wie sich ein lokaler Fischbestand aktuell entwickelt und wie viel man aus ihm wegfangen kann, um den Bestand dauerhaft zu sichern. Wissenschaftler sind sich hier keineswegs einig, und so hat sich gerade im Jahr 2012 eine intensive Diskussion darum entwickelt, ob die Kriterien des MSC und anderer Fischereisiegel wirklich eine umweltfreundliche Fischerei sicherstellen. Wenn man aber gesunden Fisch essen will, weil einem die gesunde Wirkung des Fischverzehrs wichtig ist, ist die Antwort klar. Neben schonend produzierten Forellen und Karpfen aus regionalen Teichen sind zertifizierte Meeresfische die beste Wahl – die Wahrscheinlichkeit, mit dem Verzehr Fischbestände zu gefährden, ist in jedem Falle geringer als bei nicht zertifiziertem Fisch.

Dasselbe gilt für alle anderen Siegel: Die meisten arbeiten zuverlässig und können unterstützt werden. Dass sich die Preise dann etwas oder auch etwas mehr über denen der Billigprodukte aus dem Discounter bewegen, liegt auf der Hand – denn wir bezahlen dafür, dass die ökologischen Schäden unseres persönlichen Konsums gering gehalten werden. Das Ziel ist einfach: hundert Prozent des eigenen Konsums aus zertifizierten Quellen. Bei einigen Produkten wie Kaffee, Fleisch und Holz ist das kein Problem, bei vielen anderen aber noch eine große Herausforderung.

Die größte Vielfalt fördern. Den größten Teil der irdischen biologischen Artenvielfalt bilden – sieht man einmal von Viren, Bakterien und anderen Mikroorganismen ab – die Insekten. Ihre Vielfalt mit geschätzten fünf bis elf Millionen Arten ist riesig, und sie erfüllen wichtige ökologische Funktionen. Einige davon haben einen sichtbaren ökonomischen Wert wie die Bestäubung von Pflanzen. Ihre Erhaltung zu fördern ist daher essenziell. Durch die Konzentration auf ökologische Nahrungsmittel leistet man hier schon seinen Beitrag, denn ökologisch wirtschaftende Betriebe verzichten auf künstliche Pflanzenschutzmittel und erhalten Brachflächen und wichtige Strukturen wie Feldraine und Hecken, die nicht nur den Insekten einen Lebensraum bieten, sondern auch den Vögeln, die sich von den Insekten ernähren. Aber man kann sich noch konkreter mit der Förderung von Insekten auseinandersetzen, etwa indem man sie auch in der Stadt mit einfachen Mitteln wie Nisthilfen und nektarreichen Pflanzen im eigenen Garten und auf dem Balkon unterstützt. Ich lebe im zweiten Stock eines großen Wohnblocks in Innenstadtlage und bin immer wieder verblüfft, wie groß selbst hier die Vielfalt an Fluginsekten ist, die die einheimischen Blumen auf meinem Balkon besuchen. Man kann auch noch einen Schritt weiter gehen und selber Stadtimker werden. Die Initiative „Berlin summt!" zeigt dies in beeindruckender Weise für Berlin und andere Städte in Deutschland. Das Ziel sind fünf gute Taten pro Jahr für Insekten, wie etwa lokalen Honig vom Imker kaufen, Nisthilfen aufhängen oder heimische Blumen anpflanzen. Womit wir dann schon beim Garten wären.

Wo ist Natur, wenn nicht im Garten? Mit Garten und Balkon kann man noch viel mehr tun als nur Insekten fördern. Und der Maßstab für das, was man tut, ist ganz einfach. Wenn Sie einen Garten haben, dann zählen Sie einmal die Pflanzenarten, die Sie gepflanzt haben, und diejenigen, die wild wachsen. Bei Ersteren sollten Sie sich vielleicht einmal Gedanken machen, wie viele davon auch wirklich in Deutschland heimisch sind. Oder ob sie, wie viele Arten aus dem Blumengroßhandel, doch nur Zuchtsorten von Arten aus fremden Ländern sind. Kann man da die Quote an einheimischen Arten nicht auch steigern? Es gibt heute zahlreiche Gärtnereien, die Samen und Pflanzen von einheimischen Arten anbieten. Sie sind manchmal nicht so spektakulär in ihrer Blüte wie eine Begonie oder Pelargonie aus dem Baumarkt. Aber ein einheimischer Storchschnabel, mit der Pelargonie eng verwandt, ist ebenso schön anzusehen, auch wenn man vielleicht etwas genauer hinschauen muss und die Blüten nicht so lang halten. Dasselbe gilt für Karthäuser-Nelke, Wegmalve oder Frühlingsprimel.

Auch bei Sträuchern und Bäumen kann man regional handeln: Viele Baumschulen bieten mittlerweile autochthones Pflanzgut an – das heißt, die dort verkauften Gewächse kommen aus der Region und sind damit auch an die regionalen klimatischen Bedingungen am besten angepasst.

Das Ziel ist hier 50 plus: Wenn Sie ein Quote von über fünfzig Prozent an einheimischen gepflanzten Arten in Ihrem Garten oder Balkon erreicht haben, ist das schon mal eine sehr gute Quote, gemessen am heutigen Durchschnitts-Einheitsgarten. In der freien Landschaft schafft es die Vegetation in Deutschland, je nach Biotoptyp, auf fünf bis vierzig Arten – pro Quadratmeter. Wenn Sie sich das Ziel setzen, in Ihrem gesamten Garten auf zwei einheimische gepflanzte Arten pro Quadratmeter (im Durchschnitt) zu kommen, wäre das schon ein gute Quote. Die Wildpflanzen, die sich ohnehin immer wieder dazugesellen werden, steigern diese Quote noch deutlich. Ihnen auch etwas Raum zu geben sollte zum guten Ton gehören.

Wieder mehr Moor. Auch wenn es immer die schlechtere Lösung ist, ein Ökosystem wiederherzustellen, anstatt es zu erhalten, haben wir doch gerade in Mitteleuropa schon so viel zerstört, dass man sich über Restauration Gedanken machen muss, insbesondere, wenn sich daraus ein eindeutiger Gewinn für die Biodiversität, aber auch für verschiedene Ökosystemdienstleistungen ergibt.

Die am meisten zerstörten Ökosysteme in Deutschland sind die Moore, vor allem im Norden Deutschlands. 99 Prozent der Moore sind bereits umgewandelt. Dabei geht es nicht vornehmlich um den Abbau von Torf, der in Deutschland aus ökonomischen Gründen schon lange zurückgefahren worden ist. Entscheidend ist vielmehr die Entwässerung der Niedermoore durch tiefe Gräben und ihre landwirtschaftliche Nutzung. Dies wurde und wird großflächig betrieben und setzt durch die Zersetzung des Torfbodens enorme Mengen an Klimagasen frei: Aus der Landwirtschaft in ganz Deutschland rechnet man schätzungsweise mit zwanzig Millionen Tonnen CO_2 pro Jahr. Ein intaktes Niedermoor dagegen speichert CO_2, und zwar bis zu vierzehn Tonnen pro Hektar und Jahr. In Mecklenburg-Vorpommern hat man daher bereits 30 000 Hektar Moore wieder vernässt. Und man kann als Firma oder auch als Privatperson in diese natürliche Kohlenstoffspeicherung einstiegen und damit die Emissionen seines Unternehmens kompensieren. Die Projekte nennen sich „MoorFutures" und „Waldaktie". Mit einem Investment dort lässt sich einerseits der eigene CO_2-Fußabdruck nach einem Besuch an der Ostsee kompensieren, gleichzeitig werden die natürlichen Lebensräume von Feuchtgebieten, die für viele bedrohte Arten in Norddeutschland von hoher Bedeutung sind, unterstützt. Eine klassische Win-Win-Situation, wie es sie häufig gibt, wenn Überlegungen zur Flächennutzung verschiedene Leistungen der Natur einbeziehen und durch Maßnahmen wie die MoorFutures auch ökonomisch sichtbar werden. Zwar lässt sich damit kein Geld verdienen, denn diese „Aktien" werfen keinen direkten Gewinn ab. Wer gewinnt, ist die Natur und unser Erlebnis in ihr, wenn man „seinen" Wald oder „sein" Moor besucht. Es gibt viele ähnliche Projekte in Deutschland und auf der Welt. Sich einmal im Jahr an solch einem Projekt zu beteiligen ist ein erreichbares und sinnvolles Ziel.

Weniger Fleisch. Wenn es eine Forderung gibt, die als Essenz eines umweltfreundlicheren Konsums gelten kann, dann ist es die Umstellung unserer Essgewohnheiten zu einem Weniger an Fisch- und vor allem Fleischkonsum. Jeder Deutsche verbrauchte laut Angaben des Statistischen Bundesamtes im Jahr 2010 fast 90 Kilogramm Fleisch pro Person. 55 Kilogramm entfallen davon auf Schwein, fast 13 auf Rind und fast 19 auf Geflügel. Der eigentliche Fleischverzehr liegt dabei nur bei ca. 61 Kilogramm – was deutlich macht, dass zum eigentlichen Verzehr noch der Verlust bei der Schlachtung, Fleisch als Futter (für die Haustiere) und weitere Verluste hinzukommen. Vor allem Rind und Schwein brauchen zum Wachsen ein Vielfaches an Kalorien von dem, was wir Menschen über das Fleisch zurückbekommen. Zudem sind die weiteren Umwelteffekte, etwa durch Treibhausgasemissionen und das Ausbringen der Gülle in die Landschaft, enorm.

Am Helmholtz-Zentrum für Umweltforschung in Leipzig wurde im Jahr 2012 ein vegetarischer Tag pro Monat in der Kantine eingeführt. Da ein vegetarisches Gericht gegenüber einem Fleischgericht nur ca. ein Zehntel an CO_2-Emissionen verursacht, ca. 50 statt 2300 Liter an Wasser zur Herstellung braucht und auch die benötigte Fläche ca. einen Quadratmeter statt 24 ausmacht, hat allein diese Maßnahme eine große Wirkung: Bei zwölf fleischfreien Tagen im Jahr und ca. 600 Mahlzeiten wird dadurch CO_2 äquivalent zu einer Autoreise zweimal um den Globus gespart, die Wasserersparnis beträgt ca. 115 000 Badewannen und die gesparte Fläche beläuft sich auf 24 Fußballfelder.

Selbst wenn man wegen dieses Umwelteffektes nicht gleich Vegetarier werden möchte, kann man seinen Fleischkonsum problemlos drosseln, indem man wie am Forschungszentrum erst an einem, dann an zwei und beliebig mehr Tagen der Woche auf Fleisch und auch Fisch verzichtet. Und wenn man dann weniger häufig Fisch und Fleisch isst, kann es dann auch ein zertifiziertes, teureres Produkt sein.

Nicht alles essen, nur weil es im Supermarkt liegt. Eine Weisheit, die vor wenigen Jahrzehnten noch zum täglichen Brot dazugehörte und im heutigen Supermarktleben fast vergessen ist: Die Natur hat Jahreszeiten, und so gibt es auch Jahreszeiten für die Produkte, die aus der Natur stammen. Bei manchen Produkten ist uns das noch bewusst. So wird der deutsche Spargel weiterhin nur in einer bestimmten Zeitspanne im Frühjahr verkauft. Allerdings haben hier griechischer und peruanischer Spargel das Zeitfenster erheblich erweitert. Erdbeeren zu Weihnachten sind inzwischen selbstverständlich. Sich wieder etwas mehr auf die Jahreszeiten und damit auch auf die regionale Herkunft von Lebensmitteln zu besinnen ist ein weiterer kleiner Beitrag zum kleineren Effekt des eigenen Handels auf die Natur. Kaffee, Bananen und Kakao werden wir auch weiterhin nicht aus der eigenen Region beziehen können, aber zumindest bei frischem Obst und Gemüse aus gemäßigten Breiten sollte dies problemlos möglich sein. Zugegeben, das kann ziemlich frustrierend sein, wenn im Supermarkt alle drei Knoblaucharten – inklusive des „Bio"-Knoblauchs – aus China stammen und man dann woanders suchen muss. Sinnvoll bleibt es trotzdem.

Künstlich-Dauerhaftes reduzieren – weniger Plastik. Schwieriger ist ein Weniger bei der allgegenwärtigen Dauerhaftigkeit in unserem Leben – dem Kunststoff. Weltweit werden etwa 240 Millionen Tonnen Kunststoff pro Jahr produziert, Tendenz massiv steigend. Jeder Deutsche verbraucht pro Kopf ca. hundert Kilogramm Kunststoff pro Jahr, womit wir unseren jährlichen Verbrauch an Fleisch noch übertreffen. Zwar wird ein Großteil des Kunststoffs recycelt oder zumindest durch Verbrennung zur Energieerzeugung genutzt, aber die Verschmutzung mit Kunststoffen hat längst ein enormes Ausmaß erreicht. Es wird geschätzt, dass mittlerweile mehr Plastik im Ozean schwimmt als Plankton. Allein im größten Meereswirbel, dem nördlichen pazifischen

Driftstrom, werden 100 Millionen Tonnen Müll vermutet. Dabei wird der Plastikmüll recht schnell mechanisch durch die Wellen zerkleinert und gelangt dann in Kleinstteilen in die Nahrungskette – entweder schon vom Plankton aufwärts, oder direkt bei den größeren Tieren, indem etwa Meeresvögel Plastikstückchen für Nahrung halten und sie verschlucken.

In den 1980er-Jahren gehörte es zeitweise zum guten Ton, die Einkäufe nicht mehr mit Plastiktüten, sondern in Stoffbeuteln („Jute statt Plastik") nach Hause zu tragen. Diese kritische Betrachtung des Plastiks ist allerdings wieder verschwunden, genauso wie die Schäden in der Natur meist wenig sichtbar sind. Stattdessen haben sich die Kunststoffe noch weiter ausgebreitet und gehen bei uns direkt im Mikroformat in die Umwelt, etwa als Schmirgelmittel in der Zahnpasta oder beim Waschen unserer Fleece-Jacken, wobei jedes Mal kleine Mengen Polyester ins Wasser gelangen.

Sich seines Plastikkonsums bewusst zu werden und ihn an einigen Stellen gezielt zu reduzieren kann nicht schaden. Allerdings ist dies auch ein Bereich, wo sich erst etwas ändern wird, wenn die Nutzung von Plastik die ökologische Wahrheit sagt. Eine Abgabe auf Plastiktüten (oder ein Verbot, wie etwa in Bangladesch und Indien schon umgesetzt) könnte hier sehr viel bewirken.

Energie neu denken. Einen großen Vorteil bringen der Klimawandel und die in Deutschland angestoßene Energiewende mit sich. Man stellt fest, dass Energie und Strom nicht umsonst sind, dass sie irgendwo in der Natur produziert werden müssen, und sei es, dass sie vor Jahrmillionen als Erdöl oder Kohle aus der Biomasse von Pflanzen entstanden sind. Die steigenden Energiepreise machen uns die Begrenztheit der Welt gesellschaftlich ein wenig mehr bewusst. Der Vorteil beim Strom ist, dass wir jährlich mit der Rechnung unseren Umwelteinfluss präsentiert bekommen –

und uns sogar vergleichen können mit dem viel zitierten „durchschnittlichen Zwei- oder Drei-Personen-Haushalt". Ein Ziel ist hier ganz einfach: hundert Prozent erneuerbare Energie. Und die Mehrkosten holt man dadurch herein, dass man zwanzig bis dreißig Prozent sparsamer ist als der Durchschnitt. Hoch effizienter Kühlschrank und Waschmaschine, LCD-Fernseher statt Röhre. Und, wenn es geht, kein Wäschetrockner.

Energie ist leider etwas, das nur begrenzt vorhanden ist. Sie entsteht durch die Sonneneinstrahlung und vielleicht noch durch Schwerkräfte (Wasserkraft) und die innere Erdwärme. Aber sie bleibt beschränkt, denn das Gros, das wir nutzen können, ist die auf die Erdoberfläche treffende Sonnenenergie, die unsere Solarmodule speist und durch ihren Einfluss auf das Wetter die Windräder antreibt. Zudem ist es die Sonnenenergie, die weltweit die Biomasse wachsen lässt. Mittlerweile nutzen wir über dreißig Prozent der in Biomasse umgesetzten Sonnenenergie, ob nun zur Energieproduktion, für unsere Ernährung oder andere Güter. Ein Verständnis für effiziente Nutzung zu bekommen – als Einzelperson, als Unternehmen und als Gesellschaft – ist eine zentrale Frage für die Zukunft. Das Einfache dabei ist: Man kann das erreichen, ohne an Lebensqualität einzubüßen, sowohl beim Verbrauch von Kilowattstunden als auch beim Verbrauch von Kilokalorien.

Diese acht Aktivitäten scheinen klein auf den ersten Blick. Sie sind auch nur ein Ausschnitt von dem, was man bewusst und recht einfach tun kann. Sie sind exemplarisch gemeint und zeigen, wie vielfältig wir persönlich unsere Entscheidungen zur Ausnutzung oder zum Schutz der Natur treffen. Zum einen bewegen wir uns auf allen Stufen des oben beschriebenen Wertschätzungsdreiklangs, wie in der Tabelle auf Seite 188 zu sehen ist. Zertifizierten Fisch zu kaufen setzt die Wertschätzung intakter Fischbestände ökonomisch ebenso um wie die bewusste Entscheidung für Ökostrom.

Bei vielen der acht Aktivitäten liegt aber immer auch die Wertschätzung anderer als ökonomischer Faktoren zugrunde. Ein Garten mit heimischen Pflanzen ist schön, ebenso die Beobachtung von Insekten, der größten Vielfalt, auf dem Balkon.

Andererseits entlastet jede der Aktivitäten die Biodiversität an einer anderen Stelle. Die Unterstützung nachhaltiger Waldwirtschaft vermeidet eine Übernutzung. Die Wiedervernässung von Mooren stellt verlorene Lebensräume wieder her. Der Konsum von weniger Fleisch erzielt gleich an vier Stellen positive Wirkungen. Wie das Zusammenwirken der vielen Facetten der Natur komplex ist, so sind es auch unsere persönlichen Auswirkungen auf sie.

Biodiversität als wandelbare Ressource

Einen, wenn nicht den wesentlichen Aspekt der Biodiversität hat dieses Buch nur gestreift, auch wenn er unterschwellig allgegenwärtig ist – die Evolution als Triebkraft der Vielfalt und des beständigen Wandels. Sie führt dazu, dass es so viele Arten auf der Welt gibt, die sich beständig entwickeln und damit das Zusammenwirken in Ökosystemen erst ermöglichen – und damit die Nutzung ihrer Leistungen durch den Menschen. Doch beständiger Wandel widerstrebt menschlichen Gesellschaften. Für unser Wohlergehen bevorzugen wir Konstanz und ein hohes Maß an Sicherheit. Die Prognosen für die Zukunft zeigen aber eher eine zunehmende Unsicherheit in den Umweltbedingungen und der Entwicklung unserer Lebensgrundlage namens Biodiversität. Den menschengemachten Wandel bei Lebensräumen und Klima einfach weiterlaufen zu lassen birgt die Gefahr, diese Unsicherheiten unberechenbar werden zu lassen. Ein neues Management unserer Beziehung zur Umwelt wird nötig werden, und mit all dem Wissen, das wir über die Biodiversität und unsere Beziehung zu ihr angehäuft haben, scheint dies auch möglich. Dass man sich dabei von lieb gewonnenem Denken verabschieden muss, haben die Kapitel über das Mehr und Weniger an Biodiversität angerissen.

Es ist schön und mag den einen oder anderen befriedigen, dem Dodo als Ikone des Naturschutzes, als Symbol für das unberührte Paradies nachzutrauern und mit Vehemenz für die Erhaltung jeder einzelnen Art einzutreten. Aber diese Sicht auf eine heile Natur, die im Naturschutz immer noch weit verbreitet ist, wird uns nicht davor bewahren, schwierige Entscheidungen zu treffen, die auch die ökonomische Wertschöpfung an der Natur stärker berücksichtigen.

Ebenso wird sich unsere Ausrichtung auf das Materielle als Maß allen Wohlbefindens, ausgedrückt in unserer konsumorientierten Wirtschaft, die die Natur als unerschöpfliche Ressource annimmt, in Zukunft nicht mehr halten lassen. Das beste Management von Komplexität liegt wie häufig irgendwo in der Mitte zwischen diesen beiden extremen Sichtweisen von reinem Naturschutz um seiner selbst willen und dem Glauben an pure wirtschaftliche Wertschöpfung. Die Erkenntnis, dass die Biodiversität als nullter Sektor die Grundlage allen Wirtschaftens bildet, ist dabei ein zentraler Baustein.

Die Verabschiedung des Übereinkommens zur Biologischen Vielfalt im Jahr 1992 hat diesen Mittelweg eigentlich schon beschrieben, indem sie den Schutz und die nachhaltige Nutzung von Biodiversität auf dieselbe Stufe stellte. Auch wenn Menschen sich aus verschiedensten Gründen mit diesem Miteinander von Schutz und Nutzung weiterhin schwertun, ist sie doch der vielversprechendste Weg, eine gegenseitige nutzbringende Beziehung zwischen Mensch und dem Rest der Biodiversität aufzubauen.

Die zentrale Zukunftsfrage lautet, ob uns diese Kooperation gelingt – in jedem Einzelnen von uns in seinem biologischen wie geistigen Wesen, innerhalb einer von verschiedenen Interessen getriebenen globalen Gesellschaft, und im Umgang mit deren wertvollster Ressource, der Biodiversität.

Rezepte haben wir genug, um den Verlust unserer Lebensgrundlage maßgeblich zu reduzieren. Die Frage ist, ob wir uns die zentralen Zutaten wie gesellschaftlichen Wandel, ein Bewusstsein von natürlichen Grenzen und neue Formen der Kooperation leisten wollen und dann gemeinsam ans Kochen gehen. Klassische Rezepte des Naturschutzes wie Schutzgebietsausweisungen und Artenschutzprogramme werden dabei nur noch eine kleine, wenn auch wichtige Zutat sein. Ökologisch-ökonomisches Denken und damit die mehr rationale Auseinandersetzung mit Natur wird dagegen eine zunehmend wichtige Zutat sein, mit all den Schwierigkeiten, die die Nutzung von neuen, noch nicht so gut bekannten Zutaten in einem Rezept mit sich bringt. Man muss durchaus mal etwas ausprobieren, auch auf die Gefahr hin, dass es am Ende nicht oder nicht jedem schmeckt und man das Rezept der sich verändernden Umwelt stetig anpassen muss.

Aber eigentlich sollten wir dieses Menü mit unseren vielen Facetten des menschlichen Einfallsreichtums und der Nutzung des Facettenreichtums der Natur hinbekommen. Sonst wird die Biodiversität eher früher als später wieder ohne uns bei null anfangen.

Tiefer in die Vielfalt einsteigen – weiterführende Literatur

Dieses Buch basiert auf dem breiten, von unzähligen Menschen in Millionen von Arbeitsstunden angesammelten Wissen zur Biodiversität. Wo ich direkt auf veröffentlichte wissenschaftliche Arbeiten Bezug genommen habe, habe ich jeweils die Erstautoren der Studien genannt. Viele interessante Hintergründe und Einsichten in die Forschung finden Sie auf der Webseite des Netzwerk-Forums zur Biodiversitätsforschung Deutschland, www.biodiversity.de.

An dieser Stelle sind nur die wichtigsten Bücher und Berichte genannt, mit denen man in die angesprochen Teilfacetten der Beziehung von Mensch und Biodiversität tiefer einsteigen kann. Eine detaillierte kommentierte Quellenliste findet sich unter: http://www.ufz.de/index.php?de=4973

1. Biodiversität oder: Wie man Komplexität in ein Wort steckt

Erwin Beck (Hrsg., 2012): Die Vielfalt des Lebens. Wie hoch, wie komplex, warum? Wiley-VCH.
Sammelband über viele Aspekte der Biodiversität, von führenden deutschen Biodiversitätsforscherinnen und -forschern verfasst.

Secretariat of the Convention on Biological Diversity (2010): Global Biodiversity Outlook 3. Montreal.
Online unter: http://www.cbd.int/gbo3/.
Der Ausblick gibt den aktuellsten und komprimiertesten Überblick über den Zustand der Biodiversität weltweit.

David Quammen (2001): Der Gesang des Dodo – Eine Reise durch die Evolution der Inselwelten. List-Verlag.
Eines der wenigen Bücher, die es verstehen, die Grundlagen der Biodiversität zwischen Wissenschaft und Reisebericht zu verbinden.

Josef Settele et al. (Hrsg., 2010): Atlas of Biodiversity Risks. Pensoft.
Wissenschaftlicher Überblick über eine Vielzahl der Bedrohungsaspekte für die Biologische Vielfalt heute – in Europa und darüber hinaus – in jeweils kurzen wissenschaftlichen Beiträgen.

Andreas von Heßberg, Waltraud Schulze (2008), Mountain & Bike – Expedition ins unbekannte Tibet. bod-Verlag.
Wenn man mehr über lange Fahrradtouren durch Tibet, seine Natur und die Verpflegung dabei erfahren möchte.

2. Warum Biodiversität uns etwas wert ist

Millennium Ecosystem Assessment (2005): Ecosystems and Human Well-being. General Synthesis.
Online unter: www.maweb.org.
Die aktuellste und eindrucksvolle Gesamtsynthese über den Zustand und die Trends der Leistungen der Natur für den Menschen.

Beate Jessel, Olaf Tschimpke & Manfred Walser (2009): Produktivkraft Natur. Hoffmann und Campe.
Interessante Sammlung vor allem deutscher Beispiele zum ökonomischen Wert zahlreicher Ökosystemdienstleistungen.

Joachim Radkau (2002): Natur und Macht. Eine Weltgeschichte der Umwelt. C.H.Beck.
Ein breiter Überblick über die Beziehung zwischen Mensch und Umwelt über die Jahrhunderte hinweg.

Wolfgang Haber (2011): Die unbequemen Wahrheiten der Ökologie – Eine Nachhaltigkeitsperspektive für das 21. Jahrhundert. oekom Verlag.
Um die Grundherausforderungen der Mensch-Natur-Beziehung zu verstehen, reicht die Lektüre dieses kleinen, auf einer Vorlesung von Wolfgang Haber basierenden Buches.

3. Weniger-Werden

Douglas Adams & Mark Carwardine (1991): Die Letzten ihrer Art – Eine Reise zu den aussterbenden Tieren dieser Erde. Heyne.
Das ungewöhnlichste, aber vielleicht damit auch beste Buch über das Problem aussterbender Arten mit dem Menschen, von einem Romanautor sehr menschbezogen, aber dadurch auch erhellend erzählt.

Lothar Frenz (2012): Lonesome George oder das Verschwinden der Arten. Rowohlt.
Ein sehr detailliertes Werk über viele ausgestorbene und fast ausgestorbene Arten.

Mark Kurlansky (1997): Cod – a biography of a fish that changed the world. Penguin Books.
Über das Problem der Überfischung ist sehr viel geschrieben worden, aber die Geschichte anhand einer Fischart, und wie der Mensch sie erst nutzte und bald übernutzte, zu erzählen, ist hier sehr eindringlich umgesetzt.

Alison Benjamin & Brian McCallum (2012): Welt ohne Bienen. Fackelträger.
Aktuelles Buch über das Problem des Bienensterbens, allerdings fehlen hier die allerneuesten Erkenntnisse der Wissenschaft.

4. Mehr-Werden

Ingo Kowarik (2010): Biologische Invasionen: Neophyten und Neozoen in Mitteleuropa. Ulmer.
Eine umfassende Darstellung des Problems invasiver Arten in Europa.

FAO (2006): Livestock's Long Shadow – environmental issues and options. FAO.
Online unter: http://www.fao.org/docrep/010/a0701e/a0701e00.htm.
Eine ausführliche Studie samt Szenarien zur Entwicklung der weltweiten Viehbestände und zu ihrer Bedeutung für die Umwelt.

IAASTD (2008): Weltagrarbericht – Synthesebericht, deutsche Ausgabe. Hamburg University Press.
Online unter: http://www.weltagrarbericht.de/report.html.
Umfassendster Bericht über den Zustand der weltweiten Landwirtschaft und ihre Zukunftschancen.

James Aronson, Suzanne J. Milton & James N. Blignaut (Hrsg., 2007): Restoring Natural Capital – Science, Business, and Practice. Island Press.
Die Idee, dass die Wiederherstellung von Ökosystemen und ihren Dienstleistungen sich lohnt, anhand zahlreicher Beispiele dargestellt.

TEEB (2010): Die ökonomische Bedeutung der Natur in Entscheidungsprozesse integrieren – Ansatz, Schlussfolgerungen und Empfehlungen von TEEB – Eine Synthese. UNEP.
Deutsche Fassung online unter: http://www.teebweb.org/publications/teeb-study-reports/synthesis/
Die Synthese der TEEB-Studie macht den „Dreiklang" der Inwertsetzung von Natur, wie in diesem Buch beschrieben, noch konkreter deutlich.

Pavan Sukhdev (2012): Corporation 2020. Island Press.
Das Buch denkt die Idee von TEEB weiter: Wie muss die Firma der Zukunft arbeiten, um wieder der Gesellschaft und nicht allein dem Profit zu dienen und dabei die Natur vernünftig zu berücksichtigen und „einzupreisen"?

Tim Jackson (2011): Wohlstand ohne Wachstum. oekom Verlag.
Die makroökonomische Perspektive, warum eine nachhaltige Wirtschaft nur in den Grenzen der Natur funktionieren kann.

Andreas Weber (2010): Biokapital – Die Versöhnung von Ökonomie, Natur und Menschlichkeit. Berliner Taschenbuch Verlag.
Eine mehr philosophische Perspektive, wie die menschliche Ökonomie sich stärker an der biologischen Ökonomie ausrichten sollte.

Wenn Sie mehr über die Insel Juist erfahren wollen, geht dies leider nur schwer per Buch. Weitere Informationen für einen Besuch unter www.juist.de.

Danksagung

Der allererste Dank gilt den zahlreichen Forschenden zur Biodiversität aus Taxonomie, Ökologie, Wirtschafts- und Sozialwissenschaften, die über Jahrhunderte einen riesigen Fundus an Wissen über die Biodiversität und wie wir sie, ob gut oder schlecht, nutzen, zusammengetragen haben. Die, auch teilweise unentdeckte, Vielfalt dieses Wissens bildet die Grundlage dieses Buches. Einige wichtige Referenzen von Arbeiten, die dieses Buch inspiriert haben, finden sich im Literaturverzeichnis.

Einige Kolleginnen und Kollegen des Helmholtz-Zentrums für Umweltforschung – UFZ –, vor allem aus dem Department Naturschutzforschung, haben durch Gespräche, Hintergrundinformationen, das Lesen von Teilen des Manuskriptes und durch unsere gemeinsame Arbeit zu diesem Buch beigetragen. Insbesondere bedanke ich mich hier bei Mark Auliya, Klaus Henle, Kurt Jax, Reinhard Klenke, Simone Lampa, Josef Settele und Heidi Wittmer. Die Kolleginnen und Kollegen des Netzwerk-Forums zur Biodiversitätsforschung Deutschland am UFZ, Elisabeth Marquard, Rosmarie Neumann, Axel Paulsch und Sebastian Tilch haben durch unsere zahlreichen Diskussionen zur Wahrnehmung von Biodiversitätsproblemen ebenfalls zu diesem Buch beigetragen.

Andreas von Heßberg, Bayreuth, lieferte mir Einsichten in das Reisen unter extremen Bedingungen und gab weitere wertvolle Anregungen. Für einen fachfernen, kritischen Blick auf das Manuskript bedanke ich mich bei meiner Frau Gertrud und meinem Bruder Christoph Neßhöver.

Etwaige Fehler, Verkürzungen und Ungenauigkeiten, gerade auch im wissenschaftlichen Sinne, sind aber allein Sache des Autors.

Zuletzt bedanke ich mich beim Herder-Verlag für die professionelle und freundliche Unterstützung bei diesem Projekt, insbesondere bei Julia Sterthoff für die Begleitung von der ersten Anregung bis zur Satzlegung des Buches und bei German Neundorfer für ein exzellentes Lektorat.